Elogios para Aterradora Cercanía

"Las herramientas digitales que nos permiten actuar como nuestro propio agente publicitario están haciendo que sea más difícil, y no más fácil, conectar. Estoy agradecido por Don, que ofrece su viaje de salida del 'aislamiento público' hacia una vida de intimidad. El trabajo es duro, pero la recompensa vale la pena. Qué hermoso es ser conocido."

Kirsten Powers, columnista, *USA Today*

"Para aquellos de nosotros que buscamos una felicidad más profunda, *Aterradora Cercanía* es un recurso vulnerable, fascinante e impactante. Don nos proporciona una hermosa historia y herramientas prácticas, todo en un libro transformador. En este, él ha saltado desde el Gran Cañón de la vulnerabilidad."

Miles Adcox, presentador, *The Daily Helpline*

"Desde que Donald Miller escribió este libro, yo esperaba que sería bueno. Lo que no esperaba era que *Aterradora Cercanía* transformara por completo mi enfoque del matrimonio, la educación de los hijos, el trabajo y la fe. Todo el mundo necesita leer este libro, pero nadie puede tener mi ejemplar. Este es el único libro que no prestaré a nadie. Necesito

Aterradora Cercanía cerca de mí en todo momento, recordándome que ser un humano genuino, real y desordenado ya es bastante milagro."

Glennon Melton, autora de *Carry On, Warrior* y creadora de *Momastary*

"Don nos invita a su historia sobre cómo aprendió a impresionar menos a las personas y a conectar más con ellas. Encontrar conexión es lo que quiere todo el mundo, y sin embargo todos luchamos con ello. Aquí está un amigo que caminará a tu lado mientras tú peleas por ella, la encuentras, y la cultivas. El viaje vale la pena. Gracias, Don."

Henry Cloud, autor de *Boundaries*

"A algunos autores los amo porque son genuinos, a otros porque son inspiradores. Donald Miller es ambas cosas. Tiene una manera de atraerte a la narrativa y después, ¡boom! Te golpea con una verdad que nunca viste llegar. *Aterradora Cercanía* te dejará sintiéndote iluminado y renovado, y cambiará tus relaciones para mejor."

Korie Robertson, *Duck Dynasty*

Aterradora Cercanía

Aterradora Cercanía

Cómo encontrar la verdadera intimidad

Donald Miller

WHITAKER
HOUSE
Español

A menos que se indique lo contrario, todas las citas de la Escritura han sido tomadas de la *Santa Biblia, Nueva Versión Internacional*®, NVI®, © 1999 por la Sociedad Bíblica Internacional. Usadas con permiso. Reservados todos los derechos.

Traducción al español por:
Belmonte Traductores
Manuel de Falla, 2
28300 Aranjuez
Madrid, ESPAÑA
www.belmontetraductores.com

Editado por: Ofelia Pérez

Aterradora Cercanía
Cómo encontrar la verdadera intimidad
Publicado originalmente en inglés en el 2015 bajo el título
Scary Close, Dropping the Act and Finding True Intimacy,
por Nelson Books, una marca de Thomas Nelson,
marca registrada de Harper Collins Christian Publishing, Inc., Nashville, Tennessee.

ISBN: 978-1-62911-976-2
eBook ISBN: 978-1-62911-977-9
Impreso en los Estados Unidos de América
© 2018 por Donald Miller

Whitaker House
1030 Hunt Valley Circle
New Kensington, PA 15068
www.whitakerhouse.com

Por favor, envíe sugerencias sobre este libro a: comentarios@whitakerhouse.com.

Ninguna parte de esta publicación podrá ser reproducida o transmitida de ninguna forma o por algún medio electrónico o mecánico; incluyendo fotocopia, grabación o por cualquier sistema de almacenamiento y recuperación sin el permiso previo por escrito de la editorial. En caso de tener alguna pregunta, por favor escríbanos a permissionseditor@whitakerhouse.com.

1 2 3 4 5 6 7 8 9 10 11 12 ⊔⊔ 25 24 23 22 21 20 19 18

Para Elizabeth Miller

Contenido

Prólogo por Bob Goff	11
Nota del Autor	15
1. Los ruidos distractores de la inseguridad	17
2. Eres bueno para las relaciones	23
3. Todos tienen una historia, y no es la que cuentan	29
4. Por qué algunos animales se hacen ver más grandes de lo que son	37
5. Tres cosas que aprendí sobre las relaciones por nadar en un lago	49
6. Ansiedad de ejecutoria en la vida real	63
7. Las personas a quienes decidimos amar	77
8. Obsesionado por el control	87
9. Cinco tipos de manipuladores	105
10. Lucy en la cocina	119
11. El riesgo de ser cuidadoso	135
12. Los padres fabulosos hacen bien esto	155
13. La sustancia de una vida significativa	171
14. ¿Es la intimidad diferente para los hombres?	183
15. Tú no me completarás	199
16. El lugar donde dejamos a nuestros fantasmas	209
Reconocimientos	219
Acerca del Autor	223

Prólogo

Por Bob Goff

TODOS SOMOS AFICIONADOS CUANDO SE TRATA DEL AMOR y las relaciones. Nunca he visto a nadie pasar a ser un profesional en eso, o vestir una chaqueta de "relaciones" con pegatinas de patrocinadores empresariales por todas partes como la de un piloto de la NASCAR. Jamás se celebrará un evento olímpico de las relaciones, aunque no puedo mentir, me gustaría verlo en los juegos de invierno. Permitimos que quienes más hablan del tema sean las revistas que vemos en las cajas de nuestros supermercados, películas en nuestros cines, y los antiguos novios y novias que nos han fallado. No es sorprendente que hayamos terminado con una idea distorsionada no solo de quiénes somos, sino también de lo que significa amar bien.

Don Miller es uno de mis mejores amigos. Sé que me quiere porque me lo ha dicho, pero incluso si él no hubiera dicho ni una sola palabra, yo sabría que Don me quiere porque he experimentado cómo me ha tratado Don durante tiempos de gozo tremendo, tristeza paralizante, e incertidumbre duradera. En una sola palabra, él ha estado "conmigo".

Hace varios años, Don y yo fuimos juntos a Gulu (Uganda). La guerra civil de Uganda con el Ejército de Resistencia del Señor seguía librándose en ese momento, y más de un millón de personas que habían sido desplazadas de sus hogares vivían en campamentos de desplazados sin servicio social y muy poca seguridad. Cuando llegamos a Uganda del Norte no nos quedamos en un hotel; nos quedamos en un campamento con 38.000 personas desplazadas. Sin duda, era más que un poco inquietante. Seguían produciéndose secuestros en la región por parte de guerreros del ERS, y la mayoría de esos secuestros estaban teniendo lugar en los campamentos de desplazados.

Ya estaba avanzada la noche antes de que Don y yo nos alejáramos del calor del fuego y la conversación con líderes del campamento. En la oscuridad, emprendimos camino hacia la cabaña donde nos quedábamos. No habría manera alguna de protegernos contra cualquier intruso que quisiera hacernos daño. Después de agacharnos y entrar en la tienda por una pequeña apertura, sin decir palabra alguna Don extendió su saco de dormir delante de la puerta. Tendrían que pasar por encima de él antes de poder llegar a ninguna otra persona. Los buenos amigos hacen eso; se protegen el uno al otro cuando las cosas asustan, situándose en medio de sus amigos y de lo que podría dañarlos. Don escribió este libro teniendo en mente mucho de eso mismo.

YO RECIBO MUCHOS CORREOS ELECTRÓNICOS. APUESTO a que tú también. La mayoría de las veces son de personas que conozco, pero también recibo una buena cantidad de correo basura. Antes de abrir ninguno de esos mensajes, compruebo las direcciones de los remitentes para ver si el correo es de alguien que conozco y en quien confío. Algunos de mis correos basura son obvios, y es fácil sacarlos de la bandeja y eliminarlos sin leerlos, pero gran parte da la impresión de no ser correo basura. A veces es difícil diferenciarlos. Lo mismo es cierto en nuestras relaciones. Este libro te ayudará a clasificar el correo basura que has estado llevando a tus relaciones.

Pero si estás buscando un libro que contenga pasos a seguir, este no es el indicado. Don escribe con honestidad intelectual y una transparencia a veces dolorosa acerca de su propia vida. Ha descubierto que la honestidad y la transparencia son guías útiles. Don no nos pide que estemos de acuerdo con él sobre lo que ha experimentado; sin embargo, él ha desafiado bastantes de mis suposiciones acerca de lo que forma las buenas relaciones, y soy mejor debido a ello.

Don y yo hemos sido oradores conjuntamente en bastantes eventos a lo largo de los años. La parte más difícil para mí nunca es mi audiencia o el tema del que hablo; es presentar a Don. Si puedes creerme, nunca he podido lograr ni una sola vez presentar a Don sin emocionarme. En realidad no estoy seguro del porqué. Creo que se debe a que amo a Don, y el amor nos hace ser a ambos fuertes y débiles al mismo tiempo. Yo amo quién es Don, amo quién está llegando a ser, y estoy agradecido por un hombre que se situará en medio de mí mismo y de lo que más me asusta, incluso si eso tiene un alto costo para él.

Permíteme presentarte a mi amigo: Don Miller. Y sí, estoy llorando.

Nota del Autor

ALGUIEN ME DIJO UNA VEZ QUE NUNCA NOS SENTIREMOS amados hasta que dejemos de actuar, hasta que estemos dispuestos a mostrar nuestro verdadero yo a las personas que nos rodean.

Cuando oí eso, supe que era cierto. Yo había pasado una buena parte de mi vida siendo actor, haciendo aplaudir a las personas; pero el aplauso solo me hacía querer más aplausos. Yo no actuaba en un teatro, ni nada parecido. Estoy hablando de la vida real.

La idea de no actuar me presionaba de modo aterrador. ¿Podemos realmente confiar en que las personas nos amen tal como somos? Nadie se sube a un escenario y recibe una gran ovación por ser humano. Hay que cantar, o bailar, o hacer algo.

> EL APLAUSO ES UN REMEDIO RÁPIDO. Y EL AMOR ES UN GUSTO ADQUIRIDO.

Sin embargo, creo que esa es la diferencia entre ser amado y hacer que las personas aplaudan. El amor no puede ganarse, solamente puede darse. Y solo puede ser intercambiado por personas que son totalmente sinceras la una con la otra.

Yo no debería pretender ser un experto, sin embargo. No me casé hasta tener cuarenta y dos años, que fue el tiempo que me tomó arriesgarme a ser yo mismo con otro ser humano.

Estas son dos cosas que encontré al tomar el camino largo:

El aplauso es un remedio rápido. Y el amor es un gusto adquirido.

Sinceramente,

Donald Miller

1

Los ruidos distractores de la inseguridad

NO COMENCÉ A PENSAR EN MIS COMPLEJOS CON respecto a la intimidad hasta que mi prometida se reunió conmigo en Asheville durante un largo fin de semana. Yo había alquilado una cabaña en las montañas Blue Ridge, donde intentaba terminar un libro antes de que nos casáramos. Me había pasado más de un año tras ella, incluso me reubiqué en Washington, DC para salir con ella, pero cuando tuvo el anillo en su dedo regresé al bosque. Quería terminar el libro para que ella no tuviera que casarse con un escritor temperamental. Ninguna mujer debería pasar su primer año de matrimonio observando a su nuevo esposo recorriendo de un lado a otro la habitación, en calzoncillos y musitando para sí. La vida de escritor es romántica solamente sobre el papel; la realidad es que lo que escriben los escritores y su manera de vivir pueden ser tan diferentes como un pedazo de carbón y un diamante. La vida escrita se brilla hasta lucir un brillo engañoso.

Ese es uno de los problemas de cómo estoy hecho. No confío en que las personas acepten quién soy yo en proceso. Soy el tipo de persona que quiere presentar su yo más honesto y auténtico al mundo, de modo que me oculto detrás del telón, y repaso frases honestas y auténticas hasta que se abre el telón.

Digo eso solamente porque el mismo rasgo de personalidad que me hizo ser un buen escritor también me hizo ser terrible en las relaciones. Uno puede ocultarse tras el telón solamente durante un tiempo. Para tener una relación íntima, tienes que mostrar a las personas quién eres realmente. Yo había llegado a ser bueno en captar la atención de una mujer, y después inclinarme para decir: "Gracias, ha sido usted un público estupendo" cuando llegaba el momento de tener que mostrarle quién era yo realmente. Apenas sabía quién era yo mismo en realidad, y mucho menos cómo dejar que me conocieran por completo.

CUANDO BETSY LLEGÓ A ASHEVILLE, YO APENAS HABÍA hablado con otro ser humano durante semanas. Me sentía como un buzo que tenía que salir a la superficie cuando ella hizo una pregunta.

Estábamos sentados frente al lago delante de la cabaña cuando ella preguntó cómo yo podía pasar tanto tiempo a solas. Dijo que sus amigas admiraban mi capacidad de aislarme por causa de un libro, pero se preguntaban si eso era saludable. No creo que ella estuviera preocupada. Tan solo le resultaba extraña esa capacidad.

Pensé en ello y le dije algo que había aprendido sobre mí mismo en el año que pasé tras ella. Había sabido que mi modo por defecto era actuar. Incluso en grupos pequeños siento que tengo que estar "on". Pero cuando estoy a solas, recupero mi energía. Cuando estoy a solas, no tengo que actuar para nadie.

Ella dijo que yo no tenía que actuar para ella. Ella no tenía que decirlo. Yo sabía que era cierto. ¿Con qué otra persona se casa uno sino con la persona que te saca fuera del escenario?

LOS OJOS DE BETSY ERAN TAN VERDES COMO EL REFLEJO de los árboles en el lago. E igualmente profundos, supongo. Ella era lenta para confiar, e incluso con un anillo en su dedo yo sabía que estaba reteniendo parte de su corazón.

Si yo estoy hecho para impresionar a las personas con una actuación, entonces Betsy está hecha para retirar la confianza hasta que haya sido ganada. No lo hace conscientemente. Es tan solo que debajo de su fuerte exterior hay fragilidad, de modo que ella no ofrece su corazón a cualquiera.

Betsy me dijo cuando nos conocimos que para poder conectar, ella necesitaba tiempo en cantidad. Con eso se refería a que tendríamos que pasar juntos incontables horas sin hacer nada, para que ella se sintiera segura. Ella creía que cualquiera podía ir y venir con un canto y un baile, pero solamente los comprometidos sobrevivirían a las distintas estaciones; y su comunidad reflejaba eso. Mientras yo había pasado mi vida haciendo que las personas me aplaudieran, Betsy había establecido un fundamento con amigas de confianza, primos y hermanos. Y ella era ferozmente leal a esas amistades.

En el año que estuvimos saliendo, solamente tuvimos una discusión que fue verdaderamente aterradora. Sucedió después de que yo insultara a una de sus amigas. En realidad, más bien señalé objetivamente que una de sus amigas podía ser grosera, y que podría tener una mejor oportunidad con los hombres si dejara de humillarlos. Dije que prefería no pasar más tiempo con esa amiga, si a ella no le importaba. Resultó que sí le importaba.

Ese único comentario casi me costó nuestra relación. Betsy dobló la servilleta que tenía sobre las piernas y la puso sobre la mesa. Se quedó sentada en silencio con una expresión de asesinato en sus ojos. Cuando llegó el camarero para rellenar nuestros vasos con agua, juro que se alejó de la mesa sin darse la vuelta.

Y ni siquiera fue mi comentario lo que lo provocó. Fue la idea de que yo pudiera considerar desechable a una persona. Para Betsy, las relaciones eran el trabajo de toda una vida, la suma de incontables conversaciones y experiencias compartidas. Ella no terminaría una relación más pronto de lo que derribaría un árbol antiguo. En el fragor de esa discusión entendí que yo era tan solo un retoño en la vida de esta mujer. Nunca volví a decir una mala palabra sobre alguna de sus amigas. Si quería ganarme su corazón, tendría que plantarme a mí mismo en el bosque y dejar que crecieran lentamente los anillos del árbol que se ganan la lealtad, tal como ella y sus amigas habían hecho mutuamente.

Supe entonces que esa relación tendría que ser diferente. Supe que tendría que darme a conocer y ser conocido. Esas no eran solamente expectativas aterradoras, sino también ajenas para mí. No sabía cómo hacer ni lo uno ni lo otro. Y había mucho en juego. Iba a tener que aprender a ser saludable o me pasaría el resto de mi vida fingiendo. Era intimidad o aislamiento público.

UNA DE LAS MUCHAS COSAS BUENAS QUE DIOS ME DIO EN Betsy fue la motivación para cambiar. Me había pasado años aislado y solo, elaborando palabras para decirles a las personas quién era yo; o más precisamente, quién quería ser. Pero en muchos aspectos esa era una vida oscura y solitaria. No estoy diciendo que no tuviera sus beneficios, porque siempre será bueno que las personas te aplaudan. Pero es mejor cuando tienes a alguien que te espera en casa y con quien puedes hablar, alguien que está más enamorada de ti que impresionada por ti.

ESE ES EL PUNTO ESENCIAL DE ESTA HISTORIA, SUPONGO. Son instantáneas del año que pasé aprendiendo a actuar menos, a ser más yo mismo, y a vencer un complicado temor a ser conocido. Este libro trata sobre cómo entendí que podía tener una vida feliz sin tener que dividir un átomo o causar sensación. Es cierto que nuestras vidas pueden pasar desapercibidas para las masas, y no somos menos dignos por haber vivido tranquilamente. De hecho, he llegado a creer que hay algo noble en hacer poco con la vida salvo ofrecer amor a una persona que también lo ofrece a cambio.

Este es un pensamiento que me persigue: ¿y si estamos diseñados como antenas sensibles, receptores para recibir amor, un anhelo que con frecuencia confundimos con una necesidad de ser impresionantes? ¿Y si algunas de las personas más exitosas en el mundo llegaron a serlo porque su éxito estuvo alimentado por una necesidad malversada de amor? ¿Y si las personas que consideramos que son grandes son en realidad las más quebrantadas? ¿Y si todo el tiempo que están buscando aplausos se están perdiendo la verdadera intimidad porque nunca han aprendido a recibirla?

Hace años, recuerdo ver una entrevista al hijo de un expresidente, quien después de un suspiro y un largo silencio admitió que había pasado incontables horas con el hombre más poderoso del mundo, pero no tenía ni idea de quién era en realidad. "Nunca conocí a mi padre", dijo el hijo. "Nadie conocía a mi padre".

SOLO UNAS POCAS VECES EN NUESTRA VIDA SÍ LLEGAMOS a conocer, en el momento, el impacto del momento en sí. Robert Frost no nos dijo que la bifurcación en la carretera se ve más fácilmente al echar la mirada atrás. Pero sentado allí frente al lago con Betsy supe que podía dejar que ella me conociera realmente, o podía hacer un baile y consumirme como tanto amor falso; y la decisión afectaría no solo a nuestra relación, sino también a la salud mental de nuestros futuros hijos, a las vidas de nuestros amigos, y quizá, de alguna manera misteriosa, a toda la eternidad.

> LO ÚNICO QUE SERÁ RECORDADO ES LA VERDAD QUE INTERCAMBIAMOS. LOS MOMENTOS VULNERABLES. EL RIESGO ATERRADOR DEL AMOR Y EL CUIDADO QUE TOMAMOS EN CULTIVARLO.

No es mi intención exagerar lo que aún no se conoce, pero parte de mí cree que cuando se relate la historia de la tierra, lo único que será recordado es la verdad que intercambiamos. Los momentos vulnerables. El riesgo aterrador del amor y el cuidado que tomamos en cultivarlo. Y todo el resto, los ruidos distractores de la inseguridad, y la adulación, y los focos de luz, parpadearán como un televisor que se apagó.

2

Eres bueno para las relaciones

EL HECHO DE QUE BETSY Y YO ESTUVIÉRAMOS comprometidos no fue otra cosa sino un milagro. Solamente un par de años antes de ser novios yo estaba convencido de que lo único que tenía que ofrecer en una relación era dolor. Había roto un compromiso. Había causado una cantidad enorme de daño, y lo único positivo era que el dolor, tanto de ella como mío, finalmente interrumpió mi patrón. Ya no podía seguir viviendo de esa manera.

Mi patrón era el siguiente: conocía a una muchacha que parecía estar fuera de mi liga. Le pedía que saliera conmigo, pasaba tiempo con ella, comenzábamos a tener citas, y entonces se volvía obsesivo. Yo necesitaba su aprobación. No es que la quisiera, la necesitaba. Me preguntaba por qué ella no había respondido a mis mensajes de texto o a mis llamadas, o por qué parecía que yo no le gustaba del modo en que ella me gustaba a mí. En mis tiempos de juventud, eso mataba cualquier oportunidad en una relación, pero a medida que fui creciendo aprendí a esconderlo. Marcaba cuántos días habían pasado en el calendario desde que establecimos contacto. Esperaba que pasaran hasta diez días antes de contactar con ella de nuevo para así no parecer necesitado. Yo tenía un sistema, y el sistema funcionaba.

Era entonces cuando pasábamos a la segunda fase. De repente, después de toda esa obsesión yo perdía el interés. Me sentía atraído a muchachas que desempeñaban el papel de víctima, porque las muchachas que se hacen la víctima te hacen sentir como un héroe. Hasta que tienes resentimiento. Y cuando ya no podía soportarlas, me volvía mezquino. Decía cosas mezquinas, y después me sentía mal y compensaba la situación, y después volvía a sentir resentimiento. Mi vida de citas amorosas era una espiral mortal de codependencia y resentimiento.

Y la última relación fue la más dolorosa.

Fue mi amigo Bob quien me convenció finalmente para que la terminara. Bob es un abogado muy capaz en San Diego, y es muy diestro en mediar en el conflicto. Él sentía que desde el principio hubo problemas. Me llamaba cada semana, si no para evaluar, para ver cómo iba el compromiso, y nunca iba bien. Habíamos vuelto a pelearnos, o yo no había dormido en varios días. Ella se había quitado el anillo y lo había guardado en una caja. Habíamos cancelado las invitaciones de boda.

"Don", dijo Bob, "creo que esto ha terminado".

En ese tiempo yo tenía una oficina arriba de un restaurante Thai en la calle 23. Me recliné en mi sillón poniendo mis pies sobre el quicio de la ventana. Recorrí con mi dedo un montón de correo que no había mirado en semanas. Él lo dijo otra vez. Dijo que pensaba que la relación había terminado y que yo necesitaba reconocer ese hecho. Yo sabía que él tenía razón. Había sido así durante meses.

"¿Quieres que me suba en un avión y te ayude a decírselo?", me preguntó tristemente.

"No", respondí yo. "Yo puedo hacerlo".

Y lo hice. Ahora suena trivial. Millones de parejas rompen sus compromisos, y casi todas ellas están mejor debido a que lo hicieron. Pero cuando estás en la situación, cuando dices todas esas palabras y un par de meses después ves que no las decías de veras, te sientes como un tonto. Te preguntas si tus palabras tienen ya algún poder, y ¿qué es un hombre si sus palabras están debilitadas?

Añadamos a eso la tristeza, el confuso dolor implicado en hacer daño a alguien, y la comprensión forzada de que hay algo en uno mismo tan poco sano y descuidado que podría aplastar un corazón.

Mi periodo de tristeza duró casi un año. Y una vez más, fue Bob quien me ayudó a atravesarlo. Una tarde cuando estaba de regreso en mi oficina intentando escribir, Bob volvió a llamar. Preguntó cómo estaba, y yo le dije que estaría bien. Me preguntó cómo estaba sanando, y yo le dije que estaba sanando bien. Desde luego, nada de eso era verdad, pues yo no estaba bien en absoluto. Estaba paralizado. Guardaba una botella de whisky detrás de una Biblia en el estante, y cuando todos se iban a casa me bebía tres tragos y escuchaba música como manera de intentar sentir algo.

"No pareces estar bien", dijo Bob.

Yo habría discutido con él, pero me daba miedo que él notara que arrastraba las palabras.

"¿Sabes qué he observado acerca de ti, Don?", dijo Bob.

"¿Qué es, Bob?".

"He observado que eres bueno en las relaciones."

Yo no dije nada. No estaba seguro de haber entendido correctamente. Entonces lo dijo otra vez, en medio del silencio del teléfono.

"Eres bueno en las relaciones, Don", repitió.

Lo cierto es que yo no había llorado desde que rompí el compromiso. Como dije, estaba paralizado, pero cuando él dijo esas palabras absurdas, algo en mi interior comenzó a sentir de nuevo, y surgió todo el dolor que soporté durante todo ese periodo. Alejé el teléfono de mi oído, apoyé mi cabeza sobre el escritorio y lloré. Y mientras lloraba, Bob no seguía de repetir: "Don, eres bueno en las relaciones. Sigues siendo bueno para ellas. Siempre has sido bueno para ellas".

Durante los meses siguientes hubo un abismo inmenso entre la afirmación de Bob y cómo me sentía conmigo mismo. Pero él seguía llamando, y cada vez que llamaba volvía a decírmelo. "Mira, Don, eres estupendo en las relaciones. ¿Recuerdas esa vez cuando me alentaste? ¿Recuerdas a ese niño que tú y yo conocimos en Uganda y lo mucho que él te quería? ¿Recuerdas a esa muchacha con la que saliste hace años, y que aún piensa en ti como un hermano? No podemos permitir que nuestros fracasos nos definan, Don. Tú eres bueno en las relaciones, y solamente estás mejorando." Como un abogado litigante, argumentaba su caso ante mi alma, semana tras semana, hasta que el abismo comenzó a cerrarse, y yo comencé a pensar otra vez en tener citas amorosas.

Cuando digo que comencé a pensar otra vez en tener citas amorosas, no estoy diciendo que estaba preparado para una relación seria. Betsy no apareció hasta pasado otro año, y Dios sabe que de todos modos se habría olido mis problemas. Solo me refiero a que el dolor disminuyó lo suficiente como para comenzar a obsesionarme otra vez con las muchachas. Era mi viejo patrón de siempre, pero esta vez reconocí que algo iba mal, y decidí buscar ayuda.

3

Todos tienen una historia, y no es la que cuentan

POR AÑOS HABÍA ESTADO OYENDO SOBRE ESE LUGAR EN las afueras de Nashville llamado *Onsite*. Había oído describirlo como un campamento de terapia para adultos. Había tenido varios amigos cantantes/compositores que se habían atascado en su trabajo creativo y habían asistido a uno de los programas en *Onsite*, y regresaron listos para volver a escribir. Un amigo, Jake, me dijo que el programa le ayudó a descubrir por qué había tenido tantas relaciones desastrosas. Dijo que sus talleres hablaban en gran medida de la codependencia y la vergüenza.

Yo me apunté, pero en realidad no quería ir. Principalmente lo hacía porque la ruptura había sido un poco pública y yo quería que las personas supieran que estaba trabajando en mis problemas. Es esa vieja parte de mí del desempeño, ya sabes. Parte de mí creía que con el tiempo podría resolver mis propios problemas. Había estado escribiendo libros éxitos de ventas ayudando a las personas a resolver sus problemas, después de todo. ¿Por qué no podía yo resolver los míos?

En ese tiempo estaba haciendo investigación sobre la estructura de la historia, sobre los tipos de tramas que hacen que las películas sean atractivas. Un día me di cuenta de algo que era obvio: en todas esas películas había una trama similar. El héroe es siempre débil al principio y fuerte al final, o un idiota al principio y amable al final, o es un cobarde al principio y valiente al final. En otras palabras, los héroes son casi siempre unos idiotas. Pero eso casi no importaba, pues lo único que el héroe tiene que hacer para que la historia sea estupenda es luchar con la duda, enfrentarse a sus demonios, y reunir la fuerza suficiente para destruir la Estrella de la Muerte.

Dicho eso, observé otra cosa. El personaje más fuerte en una historia no es el héroe, es el guía. Yoda. Haymitch. Es el guía quien hace que el héroe regrese al camino. El guía le da un plan al héroe y confianza suficiente para meterse en la lucha. El guía ha recorrido el camino del héroe, y tiene el consejo y la sabiduría para que el héroe atraviese sus problemas y así pueda vencer la resistencia.

Mientras más estudiaba la historia, más entendía que yo necesitaba un guía.

EL VIAJE EN AUTOBÚS DESDE EL AEROPUERTO HASTA *Onsite* fue terrible. Habíamos llegado en avión desde todas partes, unas cuarenta personas, y nos sentamos incómodamente cerca unos de otros sin hablar. Incluso a mis treinta y tantos años me sentía como un adolescente que es enviado a rehabilitación. Miré a mi alrededor, preguntándome para qué estaban allí los otros reclusos. Intenté categorizarlos: pervertidos, sanguijuelas, adictos a las pastillas, teóricos de la conspiración. SkyMall debió haber hecho una fortuna con esas personas durante sus vuelos.

Cuando llegamos, quedé sorprendido por la serenidad del lugar. *Onsite* está albergado en una vieja mansión sobre una colina. No hay casi ninguna otra casa o granja que sean visibles desde el gran porche frontal. Hay caballos sueltos detrás de la mansión, y discurre un arroyo entre el pasto y la colina cercana. El personal es amigable, como si estuvieran fingiendo que no tienen un armario en algún lugar lleno de armas tranquilizantes.

Algunos de nosotros teníamos compañeros de cuarto en *Onsite*. Cuando le pregunté al tipo que dormía en la cama de al lado por qué estaba allí, me dijo que había ido a *Onsite* porque había destruido su matrimonio y su empresa diciendo mentiras. Me dijo que no sabía por qué mentía, excepto que quería impresionar a las personas. Pero mintió durante todo su camino hacia la bancarrota, y se apuntó para ir a *Onsite* cuando su exesposa le habló sobre el lugar. Es interesante que después de eso, me resultó fiable aquel hombre. Sentía que podía contarle cualquier cosa. No lo hice, pero tenía la sensación de que podía hacerlo.

Nuestro otro compañero de cuarto nos hizo saber, dos minutos después de entrar por la puerta, que era un maestro del karate. Dijo que podía tirar al piso a un hombre con un solo movimiento y romperle el cuello al instante. Hizo un sonido sibilante mientras describía el movimiento. Parece que cuando se rompe un cuello, hace un sonido sibilante.

EN LA SESIÓN DE ORIENTACIÓN, EL PERSONAL DE *ONSITE* nos dijo que teníamos que entregar nuestros teléfonos celulares. Dijeron que podíamos hacer un par de llamadas si lo necesitábamos, pero después de eso no nos estaríamos comunicando con el mundo exterior durante más de una semana. Todos comenzaron a hacer sus llamadas o a comprobar sus teléfonos. Yo me limité a meter mi teléfono en el cesto. ¿A quién iba a llamar? ¿A Bob? Podía oírle decir: "Don, se te da bien la rehabilitación".

Tras haber entregado nuestros teléfonos, un hombre llamado Bill Lokey entró y nos dio la bienvenida. Tenía un ligero acento de Tennessee, vestía camisa de franela y pantalones tejanos, y su cabello espeso y gris lo llevaba peinado con raya y hacia atrás como si fuera un cantante folk bien aseado. Tenía el aspecto de un hombre que había dejado de beber hacía décadas y ahora leía mucha poesía.

Todos nos sentamos, y Bill explicó que tres años atrás había puesto fin a su primer matrimonio después de tener aventuras amorosas emocionales y vivir de manera deshonesta. Dijo que había llegado a *Onsite*, al igual que todos nosotros, donde aprendió sobre la codependencia y las cosas poco sanas que hacen las personas para sentirse ellas mismas centradas y sanadas. Dijo que había sido un largo viaje, pero que ahora las tentaciones se habían ido. Años después de irse de *Onsite* como paciente, Bill llegó a ser terapeuta licenciado que regresó para dirigir los programas.

MI PRIMERA GRAN VICTORIA LLEGÓ CUANDO BILL Y YO estábamos almorzando en la mansión. Yo hacía bromas y él me preguntó si sabía de dónde venía mi gen del entretenimiento. No podía creer que me hubiera catalogado tan rápidamente. Le dije que no lo sabía, que siempre había sentido una necesidad de ser inteligente o divertido. Él acercó una servilleta de la mesa y dibujó un pequeño círculo en ella. Dentro del círculo escribió la palabra yo y explicó que todo el mundo nace siendo un yo. Dijo que yo nací de esa manera, y también todos los demás, un pequeño yo totalmente sano y feliz. Y entonces, dijo, sucedió algo en mi vida que lo cambió todo.

Dibujó un círculo más grande alrededor del círculo pequeño, haciendo que se pareciera a una diana. Dentro del segundo círculo escribió la palabra vergüenza. Bill dijo que en cierto momento yo había comprendido, fuera verdad o no, que había algo equivocado en mí.

> MIENTRAS MÁS NOS ESCONDEMOS, MÁS DIFÍCIL ES SER CONOCIDOS. Y TENEMOS QUE SER CONOCIDOS PARA CONECTAR.

O bien yo no estaba a la altura de las normas de mis padres, los niños en la escuela se reían de mí, o llegué a creer que era inferior. Dijo que la vergüenza hizo que me escondiera. "Y eso", dijo, "es un problema. Porque mientras más nos escondemos, más difícil es ser conocidos. Y tenemos que ser conocidos para conectar".

Entonces dibujó otro círculo alrededor del segundo y dijo que ese círculo exterior era el falso yo que creamos para cubrir nuestra vergüenza. Dijo que en ese círculo era donde probablemente desarrollamos lo que pensamos que es nuestra personalidad, o el "carácter" que aprendimos a interpretar en el teatro de la vida. Bill dijo que algunos de nosotros aprendemos que solo importamos si somos atractivos, o poderosos, o diestros en algún aspecto, pero que cada uno de nosotros probablemente tiene un "as" que creemos que nos hará dignos de ser amados.

Incluso antes de que Bill me preguntara, yo pronuncié la palabra humor. Entonces él miró la servilleta y escribió la palabra humor en el círculo exterior. Tampoco volvió a levantar la mirada; se quedó allí sentado con su pluma sobre un espacio en blanco en el círculo exterior. Yo dije la palabra inteligencia, y él escribió también la palaba inteligencia en el círculo exterior.

Yo añadí algunas palabras más y después nos detuvimos. Bill volteó la servilleta hacia mí, y cuando la miré, sentí como si me estuviera mirando a mí mismo en un espejo. Era un yo, cubierto de vergüenza y escondiéndome detrás de una actuación. Ciertamente no es una cosa que se ve en blanco y negro. Yo no tengo ningún problema en que una persona sea divertida o inteligente, y no creo que sea erróneo recibir validación a cambio de talento. Pero donde Bill estaba llegando era más profundo, un susurro enterrado en mi interior que repite una mentira: yo solamente importo si...

Bill señaló al círculo central, a la palabra *yo*, y dijo: "Este hombre, tu yo interior, es la parte de ti que da y recibe amor. Los círculos exteriores son solo teatro".

Aquella noche me fui a la cama preguntándome si mi personalidad era en gran parte una construcción reaccionaria, un mecanismo que yo utilizaba para obtener respeto del mundo. En otras palabras, ¿y si mi actuación no era quien yo era en absoluto?

Tuve problemas para dormir esa noche. Me preguntaba quién era mi yo real, el hombre que estaba enterrado debajo de todos esos círculos.

Mis compañeros de cuarto también tenían problemas para conciliar el sueño. El hombre que contaba las mentiras dijo que se había derrumbado en uno de los grupos pequeños. Dijo que extrañaba a su exesposa, y que no podía creer que lo hubiera estropeado todo.

Le pregunté a Karate si había aprendido algo ese día, y él se quedó callado durante un rato. Finalmente dijo que no estaba seguro acerca de todas esas cosas tan sensibles. Dijo que su naturaleza era lograr todo luchando. Se levantó para ir al baño, pero cuando lo hizo no cerró la puerta del cuarto de baño del todo, de modo que se reflejaba un poco de luz hacia su cama. Mi otro compañero de cuarto hizo un sonido golpeando para captar mi atención. Yo miré y él señaló a la cama de Karate. No estoy bromeando, al lado de su almohada había un pequeño oso de peluche viejo y desgastado. Karate dormía con un osito de peluche. Increíble. Juro que después de aquello me cayó estupendamente ese hombre. A veces la historia que le contamos al mundo no es ni la mitad de adorable que la que vive en nuestro interior.

4

Por qué algunos animales se hacen ver más grandes de lo que son

A LA MAÑANA SIGUIENTE, BILL NOS RETÓ A RECORDAR cuándo había entrado la vergüenza en nuestras vidas. Dijo que no era probable que recordáramos el momento exacto, ya que la vergüenza tenía su manera de formarse incluso antes de que aprendiéramos el lenguaje. Pero cuanto más atrás pudiéramos recordar, más poderosa podría ser la sanidad. Dijo que reconocer esos primeros recuerdos de vergüenza y reescribir la historia desde una perspectiva adulta y más misericordiosa podría ayudarnos a sanar.

Nos sentamos allí en la gran sala abierta sobre esteras de yoga, cuadernos en nuestras manos y también pensamientos, pero yo no podía recordar nada. Durante la mayor parte de mi juventud me había endurecido. Todas mis cicatrices eran ahora músculo, suponía yo. Durante un rato consideré que la tarea era inútil. Entonces, desde el otro lado de la sala alguien comenzó a llorar y a escribir en su diario. Después otra persona comenzó a llorar y a escribir. Uno pensaría que la presión de grupo no afectaría tanto después de los años escolares, pero casi al mismo tiempo que Karate comenzó a llorar, pensé que sería mejor que pensara en algo.

Así que pensé en mi niñez. Supongo que había habido muchas razones para sentir vergüenza. Yo había sido un niño con sobrepeso. Era terrible con las niñas. No sabía bailar. Éramos pobres. Mi madre había cosido algunas de mis camisas utilizando tela de los retazos que reunía mi abuela para hacer colchas. Aún así, todas esas cosas parecían cómicas. Nada de lo extraño de crecer lo sentía especialmente doloroso, pero mientras más escuchaba llorar a los otros internos, más pensaba que debía haber algo más. Y entonces recordé algo. El recuerdo estuvo precedido por un temor, como si mi cuerpo estuviera pidiendo a mi mente que lo bloqueara.

Era un recuerdo de la escuela elemental. Sentado allí sobre mi estera de yoga recordé, por primera vez en décadas, que había mojado la cama durante la mayor parte de mi niñez. En serio, no funcionaron las tuberías de mi cuerpo hasta que tuve doce años. Tenía la sensación de estar recordando a otra persona. Como si hubiera vivido múltiples vidas como múltiples personas y una de ellas hubiera crecido con una vejiga pequeña, y hubiera pasado toda la niñez mojando sus pantalones en la escuela. ¿Podría haber sido realmente yo?

Pero era cierto. Había pasado los cinco primeros años de relaciones sociales escondiéndome de mis compañeros. Recorría los pasillos de mi escuela elemental sujetando mis libros delante de mi entrepierna para que nadie pudiera ver la marca de haberme orinado. Era realmente yo. Esa era mi historia. No era otra persona, era yo. De repente recordé haber pasado todo un invierno intentando estirar mi abrigo para que cubriera la entrepierna, y así nadie supiera que había mojado mis pantalones.

Y entonces vino a mi mente un recuerdo específico. Hasta la fecha, creo que Dios invadió mis pensamientos en aquel momento en *Onsite*, en un lugar seguro donde podría recibir la dolorosa verdad. Recordé un día en que tuvimos que ir caminando a la clase de música desde nuestro salón de clases normal. Nos pusimos en fila india en el pasillo, y fuimos caminando y cruzando el patio hasta llegar a la otra clase que yo normalmente amaba, una clase llena de instrumentos, tarimas para el coro, y pósteres enormes con sinfonías impresas con notas musicales que parecían tan complicadas como el código Morse. Pero aquel día yo había tenido un accidente. Me había orinado y me sentía ansioso. En la clase normal había pupitres donde podía esconder mi regazo, pero en la clase de música estábamos sentados sin pupitres en círculo donde todos los otros alumnos podían ver.

Mientras estábamos en fila en el pasillo, mi corazón latía cada vez con más fuerza como si estuviera bombeando aguas residuales. Aunque no hacía frío fuera, estiré mi abrigo para que cubriera la entrepierna mientras caminábamos por el pasillo, llegamos al patio y lo cruzamos, llegando a los edificios temporales que habían convertido en el salón de música. Cuando entramos, la calefacción estaba tan alta que todos los demás se quitaron los abrigos y los apilaron al lado de la pared. Yo me quedé con el mío puesto. Nuestra maestra nos indicó que nos sentáramos, pero las sillas estaban incómodamente cerca unas de otras. Ella fue al piano y comenzó a enseñarnos una canción. Yo no cantaba. Tenía miedo de que si cantaba, mi olor se extendería por toda la sala. No pasó mucho tiempo, sin embargo, cuando el niño que estaba a mi lado me preguntó si podía moverse de lugar. No dijo por qué, pero pronto había una silla vacía a mi lado y entonces, después de otros minutos más, el niño que había al otro lado también se cambió de lugar. La sala se quedó en silencio, y algunos niños comenzaron a taparse la nariz. Otros niños comenzaron a reírse, y los otros les preguntaron de qué se estaban riendo. Yo dije en voz baja que era mi abrigo. Dije: "Un perro se orinó en mi abrigo". Entonces otro de los niños preguntó por qué no me quitaba el abrigo, pero yo no quería quitarme el abrigo.

La maestra se levantó y se acercó desde detrás del piano. No creo que ella supiera qué hacer. Dijo mi nombre en voz baja, y me preguntó si quería salir fuera y hablar de ello. Yo dije que era solo mi abrigo, que un perro se había orinado en mi abrigo. Ella volvió a decir mi nombre muy bajito, y yo me levanté y dije a toda la clase que era mi abrigo, que un perro se había orinado en mi abrigo. Me quité el abrigo y lo lancé al montón con los abrigos de todos los demás, pero entonces me di cuenta de que la clase podía ver mi entrepierna. Salí corriendo por la puerta, crucé el patio y me escondí detrás de un árbol. La maestra salió de la clase y se acercó y se agachó para hablar conmigo, pero era demasiado tarde. Mi vida había terminado, y yo tenía solamente siete años.

Aquello sucedió hacía décadas. Sé que para algunos resulta casi humorístico. Quizá sea porque estábamos sentados sobre esteras de yoga o porque todos los demás estaban llorando, pero juro que me quedé allí sentado y lloré cuando lo recordé. No me importaba quién miraba o quién oía, y solamente lloré.

Cómo un recuerdo tan asombroso había estado perdido por tanto tiempo es un misterio. Supe que en algunos aspectos yo seguía siendo aquel niño. Como dijo Bill, yo era un niño que llevaba un disfraz que cubría quién era yo, mis fallos, mis imperfecciones y mi humanidad.

No sé por qué fue una sensación tan buena entenderlo, pero así fue. Yo seguía siendo ese niño. Y esto es lo segundo que entendí de repente: él era un buen niño, un niño muy bueno. Sé que mintió sobre el perro y sé que era extraño, pero era un buen niño. Allí en *Onsite* comencé a llorar, no porque me había orinado en los pantalones en la escuela, sino porque entendí que al salir corriendo y esconderme me había puesto del lado de los otros niños: había aprendido a creer que había algo equivocado en mí. Y no era cierto. Yo podría haber sido diferente, pero no había nada equivocado en mí. Yo era un niño muy bueno. Sé que a veces era molestoso, pero básicamente era un buen niño.

AQUELLA HISTORIA ME AYUDÓ A ENTENDER POR QUÉ comencé a desarrollar el impulso de actuar desde un principio. En cuanto encontraba algo que podía utilizar para cubrir mi vergüenza, lo agarraba y me lo ponía, y en algunos aspectos tenía la sensación de que mi verdadero yo estaba escondido detrás de un disfraz.

Tomó años desarrollar la actuación más reciente sobre ser escritor, pero he realizado algunas muy buenas a lo largo del camino. Me mantuve invisible en la escuela elemental y secundaria, tan solo intentando sobrevivir. Ocasionalmente me encontraba con algún gamberro, pero la mayor parte del tiempo los evitaba. Diría que esa fue mi primera actuación: ser invisible. No mostraba mi verdadero yo a nadie, y se me daba realmente bien el no llamar la atención.

Algunas personas se las arreglan para perfeccionar la actuación de desaparecer hasta bien entrada la edad adulta. En una ocasión salí con una muchacha, años atrás, que desaparecía siempre que había un conflicto. En cualquier momento en que había tensión, ella simplemente desaparecía, y cuando volvía a encontrarme con ella otra vez, como cuando iba hasta su casa para ver lo que sucedía, ella era todo alegría y se comportaba como si todo fuera bien. Finalmente, una noche cuando ella fue capaz de ser vulnerable, me explicó que siempre que tenía la sensación de haberlo arruinado todo, podía cerrar esa parte de su mente y sentir una paz interior que estaba totalmente desconectada de la realidad. Ella volvía loca a todo el mundo porque no sabía resolver el conflicto; sin embargo, dentro del mundo falso de su mente, todo era calma. Y por loco que parezca, yo la entendía. Creo que ella hacía lo mismo que yo había hecho en la secundaria. Ella se encerraba en sí misma y se volvía invisible.

Mi capacidad de ser invisible funcionó estupendamente durante años, pero entonces encontré algo mejor.

CUANDO LLEGUÉ A LA SECUNDARIA, UN MINISTRO ME preguntó si quería escribir un artículo para un boletín de una iglesia. Cuando me lo preguntó, sentí que alguien finalmente me había observado, y me preguntaba si estaría sucediendo algo en mi mundo invisible. Dudo que él estuviera haciendo eso exactamente, pero esa era mi sensación.

Pasé una semana entera con el artículo, de unas cuatrocientas palabras y no más de unos cuantos párrafos. Se lo entregué al ministro, y él llamó y dijo que era bueno, que yo era un buen escritor y también inteligente. Aún recuerdo cómo me sentí cuando él dijo la palabra inteligente. Me sentí un poco embriagado. En cierto modo desorientado. Una sustancia química placentera llegó hasta mi cerebro y, sin que yo lo supiera, me había convertido en el perro de Pavlov. Si yo era inteligente, eso significaba que importaba; por lo tanto, yo quería ser inteligente.

Cuando se publicó el artículo, personas me detenían en los pasillos para decirme que les había gustado mucho leerlo. Mi madre me dijo que amigas suyas llamaban para decir que les había gustado el artículo. Y eso era lo que yo necesitaba. Tenía un disfraz, y me sentía estupendamente con él puesto. Yo podía ser inteligente. Sabía escribir, y si escribía, yo importaba. Por lo tanto, por primera vez comencé a leer libros, y seguí escribiendo. Escuché a un orador citar un poema, de modo que me fui a casa y comencé a memorizar poemas. Escribí más de mil poemas en los dos años siguientes, y comencé a soñar con escribir un libro.

Actualmente, cuando las personas me preguntan por qué quise ser escritor, intento responder con sinceridad. Soy escritor porque a temprana edad llegué a convencerme de que era lo único que podía hacer para ganarme el respeto de las personas. Es cierto que en el proceso aprendí a amar las palabras y las ideas, y ahora realmente me gusta perderme en el proceso de la escritura. Pero el primer impulso, la primera motivación, fue por llegar a ser una persona digna de ser querida.

EN *ONSITE* NOS DIVIDIMOS EN GRUPOS PARA TRABAJAR EN algunos de nuestros problemas. Estábamos hablando sobre el falso yo cuando nuestra terapeuta dijo algo que me resultó interesante. Dijo que cuando algunos animales se sienten amenazados, se hacen parecer más grandes. Dijo que eso también es cierto de las personas: con frecuencia se hacen parecer mejores de lo que son a fin de atraer a otros y protegerse a sí mismos de las amenazas.

Lo que ella estaba diciendo era verdad, incluso para mí mientras estaba en *Onsite*.

La norma que me resultaba más difícil cumplir en *Onsite* no era por computadoras o teléfonos celulares. Era que no podíamos decir a los demás lo que hacíamos para ganarnos la vida. Bill nos pidió en la orientación que mantuviéramos en secreto cuál era nuestro empleo. Dijo que si teníamos que hablar sobre nuestra vida laboral, incluso durante la terapia, solamente dijéramos que éramos fontaneros o contadores.

Es una norma genial, si lo piensas. Desde el principio, no se nos permitió ponernos un disfraz. Y seamos sinceros: la mayoría de nosotros llevamos puestos nuestros empleos como si fueran un disfraz. Toda mi identidad, mi sentimiento distorsionado de valía, provenía casi exclusivamente del hecho de que yo escribía libros.

Era una tortura no decirles a los demás lo que yo hacía. Nunca me di cuenta de lo mucho que había utilizado mi empleo como una muleta social hasta que me quedé sin la muleta. Debí haber indicado de mil formas diferentes que pensaba que mi trabajo era importante. No dejaba de decir: "Como fontanero, hay mucha presión para realizar un buen trabajo". Hacía todo excepto un guiño cuando lo decía. Debió haber sido horrible estar cerca de mí. Pero en lo profundo de mi ser, estaba desesperado por hablar de lo que hacía porque sabía que caería bien a los demás si lo supieran. Sabía que ellos pensarían que yo era importante. Lentamente, a lo largo de la semana, me fui dando cuenta de que era adicto a mi coraza exterior, que sin mi disfraz me sentía vulnerable.

Le pregunté a Bill si podríamos hablar alguna vez de lo que hacíamos para ganarnos la vida. Él dijo que podríamos hacerlo el último día, justo antes de que todos se fueran. Dijo que sabía que las personas de todos modos hablarían de ello, pero que querían mantener puro al grupo tanto tiempo como fuera posible. También dijo que cuando las personas finalmente revelaban cuáles eran sus empleos, eso le ponía triste. Dijo que se desarrollaban amistades y relaciones a lo largo de la intensidad de la semana, pero cuando las personas se enteraban de que algunos ganaban mucho dinero y otros no, o de que algunas personas eran un poco famosas y otras no, entonces se dividían en categorías percibidas. Dijo que es interesante que no eran los ricos quienes se separaban de los pobres, sino al contrario.

> EL MUNDO SERÍA UN LUGAR MUCHO MÁS SANO SI NO SE PERMITIERA A NADIE LLEVAR PUESTO UN DISFRAZ.

Dijo que las personas que no sentían que habían logrado mucho se sentían inseguras al lado de quienes sí lo habían logrado. Bill dijo que le gustaría que viviéramos en un mundo en el que las personas no pudieran decir lo que hacían. Dijo que el mundo sería un lugar mucho más sano si no se permitiera a nadie llevar puesto un disfraz.

LO QUE ME RESULTÓ CURIOSO, SIN EMBARGO, ES QUE comencé a desarrollar una personalidad totalmente nueva durante la semana de terapia. Mi deseo de ser validado era así de intenso.

Una noche, nuestro grupo pequeño se juntó solamente para relajarnos. Para entonces, yo había llegado a apreciar a ese grupo y quería también caerles bien. Estaba acostumbrado a sentirme especial y sobresalir, pero nadie en el grupo pensaba que yo fuera mejor que ningún otro, lo cual era cierto, desde luego, pero un adicto a la atención es un adicto a la atención. Y entonces obtuve mi golpe de suerte. Una noche cuando estábamos jugando a un juego de mesa en el salón, resultó que yo hice una broma y todos comenzaron a reír. Comenzaron a reírse como si yo fuera cierto tipo de cómico. Sentí esa sensación tan familiar que obtengo cuando soy validado. Ellos me aprobaban. Yo sobresalía. Yo era especial.

Así que conté otro chiste, y después otro, y después de aquello proseguí. Quedé sorprendido por lo agudo que podía llegar a ser cuando tenía que hacerlo, por lo irreverente que podía llegar a ser si eso producía las risas. Todo el grupo se reía a carcajadas. Algunos miembros del grupo comenzaron a demandar que les dijera si yo era cómico en la vida real, y comencé a preguntarme si me había perdido mi llamado. Me imaginé saliendo de *Onsite* y creando una rutina, y quizá incluso dejando la vida de escritor para ser un destacado cómico. No estoy de broma, la validación era así de embriagadora.

¿QUIERES SABER QUIÉN NO CREE QUE YO SOY DIVERTIDO? Betsy. Puedo recordar unas cinco veces en que la he hecho reír, y Dios sabe que lo he intentado. El único modo de poder hacer reír a Betsy es si ella se ha tomado un par de tragos. Yo soy estupendo si ella está un poco mareada. La mayoría del tiempo ella considera mi humor como un mecanismo de defensa, sin embargo, un disfraz que ella tiene que soportar para poder tener una relación con el hombre que hay en el interior.

En una ocasión oí que Will Ferrell no resulta divertido para su esposa y su familia. Cuando escuché eso, pensé que era hermoso. Me hizo alegrarme por él.

4. Por qué algunos animales se hacen ver más grandes de lo que son

Y sin embargo, eso puede ser aterrador. Recuerdo una ocasión en que Betsy y yo habíamos salido con otro hombre que a ella solía caerle bien, y no dejaba de reírse de sus chistes. Era como si él estuviera volteando todos mis ases. Cada vez que ella se reía, yo tenía la sensación de que me estaba encogiendo. Y él era ese muchacho bobo que quería ser un fantástico entrenador de fútbol, o algo así. Él era ridículo y yo era mucho más divertido. Sin embargo, él la hizo reír cuatro veces antes de que ni siquiera hubiéramos pedido la cena. Eso me estaba matando.

Pero cuando regresamos al auto al final de la velada, ella se reclinó sobre mi hombro y agarró mi brazo, y yo me di cuenta de que le caía muy bien ese hombre, pero me amaba a mí. Y mientras conducíamos hasta nuestra casa ella me agarraba la mano, y era obvio que ella estaba sintiendo un momento de unión, como si todo lo agradable de la noche, incluso el humor del otro hombre, solamente significara algo porque lo había compartido conmigo. Y por una vez me alegré de no ser yo el que entretenía. Otra persona tendría que regresar aquella noche detrás del telón y obsesionarse por su actuación. Yo era quien me fui a casa con la muchacha.

Comencé a preguntarme cómo sería la vida si yo dejara de actuar, y comenzara a confiar en que ser yo mismo sería suficiente para obtener el amor que necesitaba.

5

Tres cosas que aprendí sobre las relaciones por nadar en un lago

DE NUEVO EN ASHEVILLE, BETSY Y YO TERMINAMOS pasando un fin de semana estupendo. Alquilé un descapotable en la ciudad y visitamos la mansión Biltmore, y pasamos algún tiempo en la librería Malaprop's. Comimos en Curate, un nuevo restaurante donde enseñamos al camarero a hacer un cóctel con whisky, vermut y naranjas amargas. A él le gustó tanto que dijo que podría convertirlo en su cóctel de otoño. Si alguna vez vas a Curate, pregunta por Don y Betsy.

El resto del tiempo lo pasamos al lado del lago y leímos el libro de nuestra amiga Shauna Niequist, *Bread and Wine* (Pan y Vino), y me pregunté cómo sería ser dueño algún día de una casa de huéspedes donde cocináramos todas las recetas del libro de Shauna. Shauna hace que todo parezca fácil, incluidos el matrimonio, la familia y la pasta.

Estaría mintiendo si dijera que nuestro fin de semana en las montañas no fue difícil. Yo estaba acostumbrado a estar en el DC, donde podía regresar a mi apartamento después de nuestras citas, sentarme en el sillón en pantalones cortos y ver televisión. En Asheville, Betsy y yo no nos separábamos. Lo que me hacía sentirme más incómodo eran los silencios extraños. Betsy dice que para ella nunca son extraños, pero lo son para mí. Cuando hay un silencio en la conversación, me da la sensación de que es mi responsabilidad llenarlo. Es mi trabajo, ya sabes. No dejaba de recordarme a mí mismo que el único modo en que Betsy y yo lo lograríamos era si yo aprendía a confiar en ella con esos silencios, si aprendía a confiar en que la razón por la cual ella se casaba conmigo no era para ser entretenida, sino para intercambiar amor: ese amor largo y aburrido que se produce cuando una pareja come cereales en silencio mientras leen el periódico.

Después de dejar a Betsy en el aeropuerto, me detuve en Krispy Kreme para comprar una rosquilla. Cuando me pongo nervioso, como azúcar. No sé qué era lo que me ponía nervioso, a excepción del temor a estar a punto de comprometerme a toda una vida de silencios extraños.

El otro lado de ser un escritor es que se tiene mucho tiempo para pensar demasiado en la vida. Me gusta lo que escribió Victor Frankl sobre que no estamos diseñados para pasar demasiado tiempo pensando en nosotros mismos, que somos más saludables cuando estamos distraídos por una causa noble. Pero ¿qué hace uno cuando la causa noble son unas memorias? Se queda sentado y piensa demasiado en sí mismo.

5. Tres cosas que aprendí sobre las relaciones por nadar en un lago

La única distracción positiva que tuve en Asheville era el lago. Cada día iba hasta el lago para nadar, dejando que el agua me distrajera de mis pensamientos.

Primera cosa: para tener intimidad, tendría que saltar

ESTABA EN EL MUELLE UNA TARDE CUANDO OCURRIÓ algo que me ayudó. Desde el muelle se puede mirar al otro lado del lago hacia las montañas, y es hermoso. El agua se reúne en un círculo inmenso de árboles y rocas que se vacía en el lago por el lado más lejano. No hay casas visibles durante millas, y existe un eco en ese lugar que confundía tanto a mi perrita Lucy que se pasaba casi todas las mañanas ladrando en conversación con ella misma. El lago es profundo, tiene unos 25 pies (7,6 metros) en el medio, y el bosque se refleja en la superficie de manera tan clara que parece que se puede caminar sobre el agua, como si fuera la superficie de un cuadro.

Hacía calor la noche en que Betsy se fue, y yo quería nadar, pero mientras caminaba hasta el extremo del muelle sentí un temor. Al mismo tiempo, quería saltar y no quería saltar. Ya había tenido esa sensación antes, cuando Betsy y yo nadamos la tarde en que ella llegó, pero entonces no le presté atención a eso. Simplemente me zambullí desde el muelle para impresionarla. Pero esta vez estudié ese sentimiento. Me recordó el temor que sentía cada año cuando visitaba la cabaña de Bob. Hay un precipicio delante de su casa de unos veinticinco pies más o menos (7,6 metros), y cada vez que voy de visita me obligo a saltar, esquivando las rocas, al agua que hay abajo. Nunca quiero hacerlo, pero siento que tengo que hacerlo. Es mi prueba anual.

Saltar desde un precipicio es una cosa, pero tener el mismo tipo de temor por saltar desde el borde del muelle me hizo sentirme confuso. El muelle estaba solo a unos cuantos pies por encima de la superficie del lago, y no es que el agua estuviera fría. Había nadado durante una hora el día anterior, así que ¿por qué no quería saltar? ¿Por qué estaba teniendo los mismos sentimientos que había tenido en casa de Bob al mirar abajo desde una altura diez veces superior?

Entonces se me ocurrió lo que era. No tenía miedo a saltar, a nadar, o a sentir el frío repentino del agua. Tenía miedo al cambio. En el muelle, yo estaba caliente, seco, y tenía el control. Sabía que cuando saltara estaría bien y disfrutaría de estar nadando, pero seguía siendo un cambio. Pensé en Betsy, que probablemente estaría a punto de aterrizar en el DC. Sabía en mi corazón que sería más feliz con ella. Sabía que ella me llevaría a lugares que eran más saludables, más divertidos, más desafiantes que nunca para mí. También pensé en cuán contento y cómodo estaba yo al ser soltero, cuánto control tenía en mi vida, que podía salir y obtener aplausos siempre que quisiera y después regresar detrás del telón de mi vida, comiendo galletas Oreo y esperando mi siguiente actuación.

Salté desde el muelle. El agua en la superficie estaba fría, y se puso más fría aún cuando mi cuerpo se sumergió hacia el fondo. Sentí toda la energía en el lago moverse hacia mis músculos, y cuando mi cabeza salió a la superficie sentí como un amanecer personal, como si el día comenzara otra vez. Absorbí las montañas y los árboles, y oí mi chapoteo hacer eco desde las colinas. Y el viento en el remanso de madera hacía aplaudir a los árboles. Me sentí mejor en el agua que cuando estaba en el muelle. Pensé en eso, y entonces, en lo mucho que temía el cambio, incluso el cambio para mejor. Pensé que hay muchas mentiras en el temor, mucho engaño. ¿Qué otra cosa que el temor evita que vivamos una historia mejor?

Más adelante esa misma semana, Bob me pidió que usara Skype para participar en su clase en la facultad de Derecho de Pepperdine. La clase estaba recorriendo un plan de futuro que yo había creado. Terminé en Skype desde el muelle, con las montañas y la cabaña a mis espaldas en el video. Sin embargo, no les hablé del lago. Por lo que ellos sabían, yo estaba enseñando desde un sillón en el césped del patio. Enseñé durante un rato, y entonces les hablé de la última lección que había aprendido: que para experimentar una vida significativa había tenido que encarar el temor a sumergirnos, no solo en las relaciones, sino también en la vida, en nuestras carreras profesionales y en nuestro descanso y nuestro ocio. Entonces, vestido totalmente, puse mi computadora en el borde del muelle y me tiré al lago. A la clase le encantó. No estoy seguro de qué tenía que ver nada de aquello con el derecho, pero ¿qué bien hay en practicar el derecho si no amamos nuestra vida?

> ¿QUÉ OTRA COSA QUE EL TEMOR EVITA QUE VIVAMOS UNA HISTORIA MEJOR?

Segunda cosa: nadar un poco es nadar suficiente

UNA DE LAS RAZONES POR LAS QUE ALQUILÉ UNA CABAÑA con un lago fue para poder hacer algo de ejercicio. Quería ponerme en mejor forma antes de casarme. Es un lago grande, lo bastante grande para que un atleta olímpico entrene si estuviera dispuesto a nadar en círculo. Es cierto que a Betsy le gusta cómo soy, pero sí necesito bajar un poco de peso, y pensé que nadar una o dos horas cada día sería suficiente para comenzar.

El primer día que nadé estaba en una forma terrible. Pude nadar solamente unos diez minutos, y después tuve que salir para tomar un respiro. Después de tres veces nadando unos diez minutos, no podía más. Fue humillante, sin duda. No pasó mucho tiempo hasta que pude nadar completando una tabla de ejercicio, pero estaría mintiendo si dijera que me gustó la rutina. Podrías pensar que me emocionaría ponerme en forma, pero no era así. No me gusta hacer ejercicio, pero no porque sea doloroso o cansado. He escalado montañas en Perú y he ido en mi bicicleta por América. Tengo la disposición. La razón por la que no me gusta el ejercicio es que en algún lugar, en los rincones más remotos de mi cerebro, he llegado a convencerme de que ninguna cantidad de trabajo es suficiente. Nunca termino una rutina de ejercicio satisfecho u orgulloso de mí mismo. Y por ese motivo, nunca termino una sesión de escritura pensando que he trabajado lo bastante duro. O una enseñanza, o una reunión de negocios, o cualquier otra cosa. Soy tan malo en esto que solía segar mi césped y después me agachaba con un par de tijeras en las manos cortando las briznas de hierba desiguales. No bromeo. Podría tener un problema.

> QUIENES NUNCA ESTAMOS SATISFECHOS CON NUESTROS LOGROS, CREEMOS SECRETAMENTE QUE NADIE NOS AMARÁ A MENOS QUE SEAMOS PERFECTOS.

En realidad hay solo dos cosas que una persona puede hacer cuando llega a ser tan perfeccionista. Puede vivir en la tortura y empujarse a sí misma a sobresalir, o puede rendirse. Yo tiendo a oscilar de un lado a otro entre la tortura de trabajar demasiado duro y la pereza de rendirme.

La razón por la que saco a colación esto no tiene nada que ver con el ejercicio ni con la escritura. Lo digo porque es un síntoma de un problema más grande, un problema que va a afectar la relación entre Betsy y yo. El problema es este: quienes nunca estamos satisfechos con nuestros logros, creemos secretamente que nadie nos amará a menos que seamos perfectos. En el círculo exterior del que hablaba Bill, el anillo que cubre la vergüenza, escribimos la palabra perfecto e intentamos usar la perfección para ocultar nuestra vergüenza. Una vez tuve una amiga que solía musitar entre dientes palabras malsonantes cada vez que pasaba en su auto por la casa de su maestro de álgebra en la secundaria porque, años atrás, ese maestro le había puesto una mala nota.

Creo que todo esto se vincula con el gen del artista. Los sistemas de raíces de esas mentiras que nos decimos a nosotros mismos tienden a crecer juntos. Todo está relacionado con la creencia de que el amor humano es condicional, pero el amor humano no es condicional. Ningún amor es condicional. Si el amor es condicional, entonces es solo cierto tipo de manipulación disfrazada de amor.

> SI EL AMOR ES CONDICIONAL, ENTONCES ES SOLO CIERTO TIPO DE MANIPULACIÓN DISFRAZADA DE AMOR.

Otra discusión que tuvimos Betsy y yo fue extraña, no hay duda. Ella me dijo que me amaba, y en lugar de responder con un "Gracias" o "Yo también te amo", dije cierto tipo de broma autocrítica. Ella me miró con expresión de perturbación y dio otro bocado a su helado. Yo me ofendí porque ella no se rió, así que repetí la broma solo para frustrarla.

"No es divertido", dijo ella.

"Es divertido", dije yo.

"No, Don", dijo ella con seriedad. "Cuando digo que te amo y tú no me crees, estás siendo un idiota. Básicamente lo que estás diciendo es que te amo solo condicionalmente. Crees que estás siendo autocrítico y divertido, pero en realidad estás diciendo que yo no soy una persona lo bastante buena para amarte si tienes unos cuantos defectos. Es absurdo".

Pensé en esas palabras que ella dijo cuando me estaba flagelando por no haber nadado lo bastante duro. Si quería hacer feliz a Betsy, tendría que confiar en que mis defectos eran los caminos mediante los cuales recibiría gracia. No pensamos en nuestros defectos como el pegamento que nos une a las personas que amamos, pero lo son. La gracia solo se pega a nuestras imperfecciones. Quienes no pueden aceptar sus imperfecciones, tampoco pueden aceptar gracia.

Regresé al lago al día siguiente. Me sumergí y nadé en círculo durante unos veinte minutos, con cada uno de mis músculos ardiendo. Terminé temprano y me senté en el borde del muelle para recuperar el aliento. Oí las voces, el profundo sentimiento de insatisfacción que comenzaba a aparecer, pero esta vez lo dejé pasar. Betsy necesitaba que yo no fuera ni complaciente ni perfeccionista. Esos dos extremos eran las zonas mortales. Así que en cambio me felicité a mí mismo por haber ido al lago a nadar. Me dije la verdad a mí mismo: que si hacía un poco de ejercicio cada día durante un año, estaría en buena forma. Me pregunté si quería seguir haciendo ejercicio. No quería. Pero en cambio, nadé en círculo en el lago y lancé una pelota de tenis para Lucy. Le enseñé a saltar desde el muelle e incluso a agarrar la pelota en el aire mientras saltaba al agua. Y por primera vez desde que llegué a la cabaña, me sentí relajado. Me preguntaba si Betsy no sería más feliz casada con un hombre que estuviera relajado, que con un hombre que sintiera constantemente que no estaba trabajando lo bastante duro.

Tercera cosa: hay más salvavidas que tiburones

LO ÚLTIMO QUE APRENDÍ SOBRE LAS RELACIONES POR nadar en el lago fue que hay más salvavidas que tiburones. Lo que quiero decir con eso es que, en su mayor parte, otras personas no andan tras nosotros.

Este miedo a la intimidad no es algo con lo que yo nací. Cuando era pequeño, incluso en la secundaria, podía acercarme bastante a las personas. De hecho, algunas de las relaciones más íntimas que he disfrutado sucedieron antes de cumplir los veinticinco años. Desde entonces, ha sido prueba y error. No estoy seguro de lo que ocurrió exactamente, pero creo que en parte se debe a que me junté con personas que quebrantaron mi confianza. No tengo ninguna historia horrible que contar, ni nada parecido, tan solo un par de malos tratos de negocios, unas cuantas relaciones en las que anoté los marcadores, y la ocasional persona molesta en Twitter. En cierto punto, simplemente dejé de confiar en las personas, y comencé a creer que todo el mundo veía la vida como una competencia, una versión sutil de los Juegos del Hambre (*Hunger Games*). Y hasta cierto grado me creí esa mentira. Si necesitaba a alguien para algo, me permitía acercarme, pero no demasiado, llevando siempre mi paracaídas a la espalda.

Entendí que ese era un asunto en el que necesitaba trabajar justamente antes de irme del DC. Estaba almorzando con mi amigo John Cotton Richmond. John es fiscal de tráfico de personas y derechos civiles en el Departamento de Justicia de los Estados Unidos. Él es el principal hombre en el país que agarra a los malos, a quienes esclavizan a niños y refugiados y los venden en operaciones de tráfico sexual. John es también uno de los mejores esposos y padres que conozco. Es como un súper héroe de la vida real, que de día persigue a los criminales más malvados del mundo y esa misma noche patea una pelota de fútbol con sus hijos. Y su esposa lo adora. Él es uno de los hombres que espero que me guiará en el siguiente periodo de la vida.

Una tarde mientras estábamos comiendo en una barbacoa en Hill Country, abajo de su oficina, le dije que había experimentado cierto avance. Dije que no creía que Betsy me la tenía jurada. Lo dije seriamente y sin ningún gesto en mi cara, pero John comenzó a reírse. Casi escupe su limonada.

"Don, yo esperaría que no te la tuviera jurada. ¡Ella va a ser tu esposa!".

Me di cuenta de cuán absurdas eran mis palabras. No supongo que mi intención era ser acusador; solo quería decir que estaba teniendo una revelación de que quizá las personas no eran tan malas como yo creía. Y Betsy era probablemente la persona que me estaba convenciendo de que eso era cierto. Le aclaré a John que en el pasado había supuesto que una mujer al final intentaría controlarme, intentaría utilizarme para algo, pero que ya no estaba seguro de que las personas fueran así realmente. Al menos no todas las personas. John volvió a reírse. Bajó la vista y meneó la cabeza, sin dejar de sonreír.

"Me alegro de que tuvieras esa revelación, Don", me dijo. "Y estoy de acuerdo contigo."

John pausó un momento para pensar.

"Es una cuestión difícil, ya sabes. El corazón del hombre. Yo he perseguido a algunas personas malvadas." Me miró con tristeza. "Estoy hablando de violadores y asesinos, de líderes de tramas de tráfico sexual infantil; de todo. ¿Y quieres saber lo que todos ellos tienen en común, Don?".

"¿Qué es?", pregunté.

"Creen que todas las personas se la tienen jurada. Me hace preguntarme si la desconfianza no saca lo peor de nosotros. Sé que es un asunto complicado, porque casi todo el mundo al que meto en la cárcel ha sido trágicamente abusado, y por eso es natural que ellos no confíen en los demás y vean la vida como un drama en el que hay que matar o morir. Pero me hace preguntarme sobre aquellos de nosotros que tratamos el mismo problema en porcentajes menores. Me pregunto sobre mi propio corazón. ¿Estoy dispuesto a ser herido ocasionalmente y poner la otra mejilla, a fin de tener una relación saludable y duradera?".

John me miró a los ojos y dijo: "Creo que te espera algo bueno. Creo que el riesgo de confiar en Betsy merece la recompensa de la intimidad".

Desde mi conversación con John aquella tarde, he observado algo interesante. Las personas más duras que he conocido a lo largo de los años han tenido dos cosas en común: no confían plenamente en nadie, y ven las relaciones como un medio para alcanzar un fin.

> CONFIAR EN LAS PERSONAS ES UN PROCESO LENTO Y NATURAL.

Hace unos años leí un artículo sobre la división minorista de Apple Computers y el modo en que realizan la atención al cliente. Quieren que los miembros de su equipo confíen en la "intención positiva" de sus clientes. Por lo tanto, cuando llega un cliente con una queja, no quieren que los miembros de su equipo supongan que intenta engañar a la empresa o conseguir algo gratis. Saben que la pérdida ocasional será compensada por la conexión que crean con sus clientes al confiar en ellos.

Confiar en las personas es un proceso lento y natural, ya lo sé, pero ya está dando resultados. He notado que mientras más confío en Betsy, más amable se vuelve mi espíritu. Mi confianza en ella me está cambiando.

ANTES DE QUE BETSY SE FUERA DE LA CABAÑA, ESTÁBAMOS tumbados en el muelle mirando las nubes y con uno de esos silencios extraños que siguen siendo difíciles para mí. Pensando que teníamos que hablar para conectar, le pregunté si ella prefería nadar en una piscina, un lago, o el océano. Betsy se sentó, movió los pies que colgaban del muelle, y dijo que prefería nadar en el océano. Ella se crió viajando a Florida con sus primos y pasaban el día entero jugando en las olas, dando con un palo a las medusas, y comiendo sándwiches de mantequilla de cacahuate y mermelada con arena incorporada. Sus primos y ella se tumbaban en la cama en la noche, y reían porque podían sentir que sus cuerpos seguían moviéndose arriba y abajo como

5. Tres cosas que aprendí sobre las relaciones por nadar en un lago

si aún estuvieran en las olas. Aquellos fueron algunos de los días más estupendos de su vida.

Ella me preguntó si yo prefería nadar en una piscina, un lago, o el océano, y yo dije que prefería nadar en un lago. "¿Por qué?", me preguntó. Yo dije que en un lago no tienes que enfrentarte a las medusas, las algas, los tiburones, o cualquier otra cosa. Betsy pensó en eso por un instante, y después me recordó que intentar que no te picara una medusa era parte de la aventura.

Betsy recorrió mi cabello con sus dedos, y me dio un beso en la frente. Yo le dije que metería alguna medusa en el lago si ella quería.

"Vale la pena que te pique una medusa de vez en cuando", dijo Betsy. "A cambio de la picadura ocasional, te vas a la cama sintiendo las olas y te ríes con tus primos".

> AMAR SIGNIFICA SUMERGIRTE EN LO DESCONOCIDO, DONDE HAY PELIGROS MUY REALES, PERO MAYORMENTE RECOMPENSAS.

Dudo que ella se diera cuenta, pero estaba hablando de mucho más que el océano. Hablaba de lo que significaba arriesgarse uno mismo en el amor. Amar significa sumergirte en lo desconocido, donde hay peligros muy reales, pero mayormente recompensas.

6

Ansiedad de ejecutoria en la vida real

COMO DIJE, LA RAZÓN POR LA QUE ALQUILÉ LA CABAÑA fue para poder terminar un libro. Podría haberlo terminado en el DC, pero no estaba seguro. Y sabía que tenía que terminar el libro, o más sinceramente, la herida abierta en mi interior sabía que tenía que terminar el libro. Voy a explicarme.

Cuando Betsy se fue de Asheville, yo me sentía solo, pero también un poco estresado. El libro no estaba resultando como yo quería, y estaba mirando fijamente a un calendario, sabiendo que mis días estaban contados. Si no podía concluir el libro en las cuatro semanas siguientes, casi con toda seguridad perdería tracción porque iba a comenzar un periodo de dar conferencias. Había aceptado varias clases para enseñar, y así pagar la cena del ensayo y la luna de miel.

Ese tipo de presión no es bueno para mí. Escribo mejor cuando estoy relajado, cuando estoy sentado frente al lector manteniendo una conversación casual. Forzar las palabras no funciona, al menos no para mí.

Y resultó que la tarde que sentía la presión, Ben Rector sacó un nuevo álbum. Ben es uno de los cantantes favoritos de Betsy y mío. Éramos seguidores entusiastas.

De todos modos, descargué el álbum de Ben y lo estaba escuchando en el porche cuando sonó una canción que nunca había oído antes. La canción se llamaba "Hacer dinero". Se parecía a una vieja canción de Billy Joel, como si él se hubiera sentado al piano y hubiera escrito en el diario a altas horas de la noche. Recientemente había alcanzado el éxito y la vida estaba cambiando, y se preguntaba si valían la pena algunos aspectos de la nueva vida.

> *Hacer dinero no es fácil*
> *y seguramente no te hará feliz*
> *así que me parece divertido*
> *que estemos tan interesados en hacer dinero.*
> *Y el dinero no evitará que suframos*
> *y no evitará que nos alejemos*
> *así que aquí están mis dos monedas*
> *¿de qué sirve hacer dinero?*

Quizá fuera porque me había tomado un whisky, o porque la lluvia bajaba de manera excepcional por las montañas, o porque extrañaba terriblemente a Betsy, pero esa canción me niveló. Me quedé allí sentado, entendiendo plenamente por qué estaba tan alejado de la mujer que amaba. Estaba tan lejos de Betsy porque creía secretamente que si no terminaba el libro y seguía siendo un poco famoso, o si no ganaba dinero, o si otras personas no creían que yo era un éxito, entonces ella no tendría ninguna razón para amarme.

Sabía que eso no era cierto, pero lo que sabe nuestra cabeza a menudo es desafiado por nuestro cuerpo. Mi estrés, mi sentimiento de urgencia, mi preocupación en la noche por si el libro saldría adelante tenían que venir de alguna parte, y el lugar de donde venían era ese lugar de grave preocupación de que si no impresiono no seré amado.

Pero lo cierto es que a Betsy no le importa el dinero, y el hecho de que yo sea un autor conocido fue un obstáculo inmenso que tuve que vencer para salir con ella. Ella suponía que yo estaba lleno de mí mismo, lo cual supongo que era cierto en parte.

A pesar de eso, si paso el resto de nuestro matrimonio creyendo que ella no me amará a menos que sea exitoso, nuestro matrimonio será un desastre. Dios va a revelarme como un ser humano con defectos tan rápidamente como pueda, y va a disfrutar de ello porque eso me forzará a tener que enfrentarme a la intimidad real.

En algún punto en el camino creo que la mayoría de nosotros nos creemos la mentira que dice que solamente importamos si... Solamente importamos si somos fuertes, o inteligentes, o atractivos, o cualquier otra cosa.

Eso me hace preguntarme si no es esa la razón por la que he batallado con cierto tipo de ansiedad por mi ejecutoria. No estoy hablando del tipo de ansiedad que uno siente antes de tener que dar un discurso, o algo así. Hablo del hecho de que prefiero estar a solas con un amigo íntimo que tener que charlar en una fiesta. Me resulta agotador, y tengo la sensación de estar actuando en una obra sobre la vida cada vez que tengo que hacerlo.

Puedo remontarme hasta algunos de mis primeros recuerdos para encontrar mi necesidad de actuar e impresionar a las personas. Papá se fue justamente cuando yo me estaba formando, supongo, y mi madre, mi hermana y yo nos sentimos abandonados y descuidados. En cierto sentido, al ser yo el único varón sentía que tenía que ser una persona un poco mayor y mejor de lo que era. Eso era una necedad, desde luego, pero los niños no procesan la realidad objetivamente.

Por lo tanto, fue durante ese periodo cuando desarrollé un extraño deseo de convencer a los demás de que yo era inteligente. Por cualquier razón que fuera, se volvió importante demostrar a mi madre y a mi hermana, sin mencionar a amigos de la familia, que yo era inteligente y podía manejar las cosas.

El problema es que yo no era excepcionalmente inteligente. Aborrecía la escuela, no tenía ningún interés en los libros, y nunca hacía mis tareas escolares.

Recuerdo ver que hicieron un perfil de un niño en el programa *60 Minutos*, un niño que tenía autismo y podía tocar cualquier sinfonía al piano después de oírla una sola vez. Yo me puse locamente celoso. Después de varios intentos sonoros y fallidos en el piano en la iglesia, me di cuenta de que tendría que encontrar otro camino.

Ocasionalmente me hacían una pregunta, y en lugar de responder inmediatamente, levantaba mucho las cejas y los ojos como si estuviera intentando leer cierta información que había almacenado en mi memoria fotográfica.

"¿Qué tipo de sándwich quieres?", me preguntaban.

Yo abría mis ojos como platos intentando convencer a la nana de que tenía la mente de un sabio. "Mantequilla de cacahuate y mermelada", decía yo después de poner mis ojos en posición normal otra vez. Ella se quedaba allí mirándome como si estuviéramos experimentando un momento poderoso, un momento que yo interpretaba mal. En más de una ocasión, la nana pensó que yo estaba poseído por un demonio.

Una vez, la mañana del día de la fiesta de cumpleaños de mi hermana ordené mi cuarto y encontré una vieja grabadora enterrada en el armario. Antes de que apareciera nadie para la fiesta, saqué un destornillador del cajón de los trastos y desarmé la grabadora, extendiendo las piezas sobre mi cama. No tenía ni idea de cómo se llamaban cada una de las partes o cómo creaban una grabadora, pero las dejé allí como si lo entendiera, y cuando las bonitas amigas de mi hermana finalmente llegaron, yo fingí que estaba montando la grabadora. Agarraba una de las partes, ellas preguntaban qué era eso, y yo usaba el destornillador fingiendo que me estaban molestando y diciéndoles que ellas no entendían nada, que no sabían nada de electrónica. Ellas se encogían de hombros y se alejaban, y por el rabillo del ojo podía ver que su cabello se veía brillante con el movimiento.

Este es otro de mis primeros recuerdos de proyectar una identidad que no era verdadera. Supongo que lo he estado haciendo desde entonces, solamente que me volví más sofisticado en mis intentos. En estos tiempos puedo pasar semanas en una cabaña, escribiendo y reescribiendo capítulos de modo que parezcan salir sin esfuerzo.

En parte, esa es la tarea de un escritor, pero la realidad es que toda la escritura es una forma sutil de manipulación, no siempre maliciosa, pero por lo general pensada para hacer dos cosas: (1) comunicar una idea y (2) hacer que el escritor parezca inteligente.

APRENDÍ MUCHO SOBRE LA PROCEDENCIA DE MI ANSIEDAD de ejecutoria cuando seguí reuniéndome con la terapeuta después de estar en *Onsite*. Bill dijo que sería importante seguir trabajando en las ideas que habíamos cubierto, así que eso hice.

Ella era una mujer muy amable que un amigo me recomendó. Era lo bastante mayor para haberse jubilado años antes, pero amaba a las personas y le encantaba la consejería, y solo aceptaba clientes suficientes para que su esposo y ella pudieran seguir haciendo cruceros juntos varias veces cada año. Siempre que nos reuníamos, ella tenía que forzarse a sí misma a dejar de hablar sobre cualquier crucero que estuvieran planeando hacer. Habían ido a Turquía y Caicos, a Alaska, las Bermudas, y habían estado cuatro veces en Hawái. La segunda vez que nos reunimos, incluso me llevó un folleto publicitario. Dijo que yo sería la persona más joven en el barco con una diferencia de unos treinta años, pero que realmente tenía que pensarlo. Y sinceramente, parecía estupendo. Una semana en el mar comiendo todo lo que quisiera, apostando unas monedas cada vez en la mesa de blackjack, y estar en la cama a las nueve y media parecía una vida estupenda, en especial del modo en que ella la describía. Su esposo y ella habían hecho su trabajo, físicamente y emocionalmente, y era como si finalmente hubieran despertado al hecho de que tenemos que disfrutar de la vida y no ser ahogados por ella.

PERO CUANDO COMENZAMOS REALMENTE LA PARTE DE la consejería, ella me ayudó a realizar un avance. Puso una pieza gigantesca de papel de carnicería sobre la pared y dibujó la silueta de una persona con cabeza grande y un cuerpo grande. Entonces dibujó la silueta de una persona más grande aún alrededor de la de la primera persona. Dijo que esas dos siluetas representaban mi yo interno y externo, y entonces me pidió que escribiera algunos adjetivos dentro de cada silueta. En el interior del yo más pequeño escribí amable, calmado, sereno, responsable, sabio, y palabras parecidas, todas ellas que en cierto modo me sorprendieron porque eran muy positivas. Resultaba que a mi yo interno le iba bastante bien. Y después, en la persona más externa escribí presumido, desesperado, ansioso, divertido, adorable, cansado, palabras que también me sorprendieron. Resultó que mi yo exterior se sentía bastante estresado. No es sorprendente que yo estuviera más cómodo a solas que cuando estaba con personas.

Me senté y los dos miramos juntos el dibujo. Ella pareció entender exactamente lo que estábamos viendo, y dijo: "¿No ve cuán interesante es esto?". Yo le dije que no tenía ni idea de lo que significaba.

Entonces ella se puso de pie y tomó dos sillas, situándolas una frente a la otra. Dijo que una silla representaba quién era yo interiormente y la otra silla representaba quién era externamente. Me pidió que me sentara en la silla que representaba el yo interior, y entonces me preguntó cómo me sentía. Dije que me sentía estupendamente, que estaba tranquilo y en paz. Ella me preguntó cuántos años tenía, no mi verdadera edad, sino la edad que sentía mientras estaba sentado en la silla que simbolizaba mi vida interior. Yo lo pensé durante un segundo y le dije que tenía la sensación de tener unos treinta y cinco años, lo bastante mayor para tener la vida encarrilada y a la vez lo bastante joven para seguir construyendo algo en lo que podría trabajar durante décadas. "Estupendo", dijo ella. "Fascinante."

Entonces me pidió que me sentara en la silla que representaba el yo exterior. Yo me puse de pie y me acerqué a la otra silla. Inmediatamente noté que me sentía un poco ansioso, confuso, y presionado, y se lo dije. Ella dijo: "Don, ¿cuál es su edad en esta silla?".

"Tengo nueve años", respondí. "Tengo nueve años de edad". Ella se quedó allí sentada y me dejó que lo pensara durante un momento. Sé que esto suena extraño, pero en una de las sillas me sentía realmente como un adulto capaz y en la otra me sentía como un niño asustado.

"Don", dijo ella, "¿se da cuenta de que está enviando a un niño de nueve años a hacer todas sus actuaciones?".

Lo que dijo mi consejera tenía todo el sentido. Desde que yo era un niño, desde que llegué a convencerme erróneamente de que tenía que ser mayor y más inteligente de lo que realmente era, he estado intentando actuar, tratando de convencer a personas de que era más capaz de lo que realmente era. Había estado enviando a ese mismo niño de nueve años que tomó la grabadora, la sacó y la desarmó para hablar, actuar y relacionarse con las personas.

Ella me pidió que volviera a sentarme en la silla adulta y le dijera al niño de nueve años lo que pensaba de él. Yo no sabía qué decir. Ella me pidió que imaginara cómo sería él, y de inmediato me imaginé al niño gordito de la película *Los Goonies*. Sonreí. Me caía bien el niño. Él era divertido y encantador, y sin embargo solo tenía nueve años. Parecía solo y temeroso, y el único modo en que podía captar la atención era convencer a todos los que le rodeaban de que era más inteligente y más fuerte de lo que realmente era.

Mi terapeuta me pidió otra vez que le dijera algo a él. Yo lo miré durante un rato y él me miró, con ojos muy abiertos y curiosos.

Finalmente hablé y dije que me caía bien. Le dije que creía que era divertido, encantador e inteligente.

"¿Algo más?", dijo mi terapeuta.

"Sí", dije yo. "También quiero decir que lo siento. Lo siento por empujarte a salir al mundo para que pudieras impresionar a las personas por nosotros, pelear por nosotros, y hacer dinero por nosotros mientras yo me quedaba sentado aquí y leía libros".

El momento fue poderoso para mí. Me había disociado por completo del niño que había desarmado su grabadora. Apenas lo conocía. No lo había educado hasta la madurez, y él se había pasado los últimos treinta años sintiéndose solo y desesperado por recibir atención. No es sorprendente que me ocultara del mundo; no es sorprendente que las fiestas me cansaran o que terminara agotado después de una conferencia. No es sorprendente que las críticas me enojaran o reaccionara en exceso al fracaso. Creo que la parte de mí que enviaba a relacionarse con el mundo estaba, en algunos aspectos, poco desarrollada, intentando aún ser mayor y más inteligente como una medida de supervivencia.

ME GUSTA MUCHO LA PELÍCULA ITALIANA *WE HAVE A POPE* (Tenemos un Papa) de Nanni Moretti. Es una película lenta y hermosa que tiene lugar en el interior del Vaticano. Al principio de la historia, el Colegio de Cardenales se reúne para escoger a un nuevo papa, ya que su líder actual ha fallecido. Se hace una votación tras otra, pero los cardenales no pueden llegar a un acuerdo. Finalmente, es escogido un cardenal llamado Melville, y en una escena bastante conmovedora, él acepta tímidamente, casi a regañadientes, la responsabilidad.

Cargado con sentimientos de ineptitud, declina salir al balcón y que lo anuncien formalmente como el Papa. En cambio, se retira a su apartamento para orar. Se le dice a la multitud de miles de personas en la plaza de San Pedro que se hará el anuncio al día siguiente, pero el nuevo papa se niega a salir de su apartamento. Está paralizado por el temor.

A medida que progresa la historia, los cardenales visten al nuevo papa con ropa de calle y lo camuflan para salir del Vaticano e ir a visitar a una psicoanalista, una mujer que no tiene idea de quién es él ni qué responsabilidad ha recaído sobre sus hombros.

La escena es sutil, pero buenísima. Le piden a la consejera que ayude al hombre, pero le dicen al Papa Melville que no puede revelar su verdadera identidad ni la realidad de su circunstancia. Ella le pregunta al hombre qué hace para ganarse la vida. Melville se queda sentado en silencio hasta que piensa en un modo de explicar lo que hace sin revelar su identidad, y le dice a la consejera: "Soy actor". Su respuesta lo revela todo, que su tarea es hacer un papel confidencialmente que puede relacionarse o no con quién es él realmente como persona.

No puedo expresar cuánto me identifico con esa respuesta. Yo soy actor. Hago un papel.

Desde la oficina de la consejera, Melville se escapa de los oficiales del Vaticano y camina por las calles de Roma. Perplejo, entra en un mercado al aire libre y se maravilla por la complejidad del mundo en el que pronto tendrá la tarea de servir. Intenta escapar a la aterradora realidad asistiendo a una obra, pero lo encuentran. Los oficiales del Vaticano entran al teatro donde él se está escondiendo, cancelan la obra, y sacan al cardenal de entre la multitud para regresar con él al Vaticano.

Bajo mucha presión, los cardenales preparan al nuevo papa para su anuncio. Lo visten y repasan las frases que él leerá en el balcón. Sus manos tiemblan. Los otros cardenales están orando. Él no quiere salir.

Entonces, repentinamente vemos que la paz le inunda. Ha tenido una revelación.

La multitud en la plaza de San Pedro es un océano de congregantes esperanzados. El nuevo Papa sale al balcón, y la multitud estalla. Es Melville. Él se mantiene en silencio durante unos instantes, asimilando la escena, y finalmente cierra sus notas, se acerca al micrófono, y declina la tarea de ser el Papa. Dice que los cardenales han escogido al líder equivocado.

Los otros cardenales dan un grito ahogado, avergonzados por el anuncio, pero el cardenal Melville respira con facilidad. Se da a entender su conclusión personal: él no quiere ser un actor, ni tampoco siente que sea necesario actuar a fin de servir a Dios.

Nanni Moretti soportó muchas críticas en Italia por hacer la película. Algunos la consideraron una crítica al papado, pero yo no la consideré así. Para mí, era una historia humana acerca de lo que cuesta ser uno mismo, y también la recompensa. Ser auténtico cuesta temor personal, pero la recompensa es integridad, y con eso me refiero a un alma totalmente integrada, sin que haya diferencia entre su actuación y su persona genuina. Tener integridad se trata de ser la misma persona en el interior que somos en el exterior, y si no tenemos integridad, la vida se vuelve agotadora.

Me pregunto cuántas personas son tentadas por los beneficios que pueden lograr al desempeñar un papel, solo para pagar por esas tentaciones en moneda de aislamiento público.

LA REALIDAD DE INTENTAR SER MAYORES Y MÁS INTELIGENTES de lo que somos es que en cierta manera funciona, pero después se desintegra. Es cierto que las personas son atraídas a la inteligencia, la fortaleza e incluso el dinero, pero atracción no es intimidad. Lo que nos atrae no siempre nos conecta. No puedo decirte cuántos amigos tengo que han quedado atrapados por alguien atractivo, o poderoso, o encantador, pero poco tiempo después se encontraron sintiéndose solos en la relación. Una cosa es impresionar a las personas, pero otra muy distinta es amarlas.

> UNA COSA ES IMPRESIONAR A LAS PERSONAS, PERO OTRA MUY DISTINTA ES AMARLAS.

ALLÍ EN ASHEVILLE, SENTADO EN EL PORCHE VIENDO LA lluvia y escuchando a Ben Rector, entendí que lo que Betsy necesitaba era a mí, y yo tenía que confiar en que yo era suficiente. Ella no necesitaba mi dinero, mi poder, ni ninguna otra cosa. Parte de eso podría ser atractivo temporalmente, pero nada de ello crearía intimidad. Ella me necesitaba a mí.

Recuerdo que cuando Betsy y yo hablamos por primera vez de comprometernos, entendimos que teníamos que hacer planes y poner cosas en calendarios, y pensar en cómo se veía el año siguiente. En un momento en cierto modo serio, Betsy dijo que no le importaba qué tipo de anillo comprara yo, y que realmente no le importaba cómo le proponía matrimonio. "Pero", dijo, "por favor, nada de una cámara en un estadio". Yo me reí. "Nunca lo haría", dije. Ella sonrió y se limpió la frente.

Hubo muchas veces después de aquello en que terminamos en el estadio viendo a los Nationals, e incluso fuimos al partido de los Seahawks cuando jugaron con los Redskins. Yo siempre bromeaba con que en cualquier momento iba a arrodillarme. Ella levantaba las cejas, y decía que sería mejor que fuera para atarme los cordones de los zapatos.

Es chistoso, al mirar atrás, pero aquellas bromas en el estadio me dijeron mucho acerca de la mujer con la que iba a casarme. Ella no quería estar en un programa continuo acerca del romance. A ella no le gusta actuar. Betsy quiere conectar. Lo que a ella le expresa amor no es dinero, poder o fama; es una llamada telefónica en la mañana para orar por nuestro día, un mensaje de texto para decirle que pienso en ella, una nota manuscrita, una tarjeta cuando estoy fuera de la ciudad por negocios, recordar qué bebida le gusta cuando estamos en un bar, hacer preguntas de seguimiento acerca de sus amigas, y no esconderme detrás del humor cuando es momento para tener una conversación seria. Y la realidad es que nada de eso es difícil; tan solo requiere ser considerado y ver el mundo, al menos en parte, desde la perspectiva de ella. No requiere actuar; solo requiere ser yo mismo y estar ahí.

Gran parte del tiempo que he empleado intentando impresionar a las personas ha sido un desperdicio. Estoy agradecido, en algún aspecto, porque mis inseguridades impulsaban mi carrera, pero estoy comenzando a entender que la parte adulta de mí y la parte infantil de mí necesitan estar unidas y crear un ser humano completo capaz de desarrollar intimidad. Y todo esto me hace preguntarme si la preocupación y la duda que he experimentado acerca de ser amado no estarían infundadas.

La realidad es que las personas se impresionan con todo tipo de cosas: inteligencia, poder, dinero, encanto, talento, y muchas otras. Pero aquellas a las que tendemos a seguir amando son, a la larga, quienes hacen una tarea decente en cuanto a amarnos.

7

Las personas a quienes decidimos amar

UNA DE LAS VERDADES QUE APRENDÍ DE JOHN COTTON Richmond, mi amigo en el Departamento de Justicia, es que algunas personas no son seguras. John tiene el trabajo emocionalmente difícil de meter en la cárcel a criminales que han hecho cosas muy graves, pero criminales que también han sido víctimas ellos mismos en sus propias vidas. Y aunque él se compadece de sus historias, también entiende que la comunidad necesita ser protegida de ellos.

No sé por qué a una persona se le puede entregar un pasado trágico y llegar a ser alguien saludable y desprendido, mientras que otra amplía su dolor hacia las vidas de otros. Casi sin excepción, las personas más hermosas y desprendidas que he conocido son quienes han experimentado una tragedia personal. Me recuerdan a los árboles con los que me cruzo ocasionalmente en la Garganta del río Columbia, los que comenzaron debajo de rocas y se fueron retorciendo lentamente alrededor de la roca para encontrar una ruta alternativa para captar el sol.

> LAS RELACIONES SANAS SE PRODUCEN MEJOR ENTRE PERSONAS SANAS.

Sin embargo, lo que me resulta más difícil admitir es que también hay personas que se han convertido precisamente en las rocas que han sido su obstáculo. Y quizá hay redención para esas personas y quizá hay esperanza, pero eso no cambia el hecho de que no son seguras. Digo esto solamente porque se produjo una evolución positiva en mi vida cuando entendí que las relaciones sanas se producen mejor entre personas sanas. Tampoco estoy hablando tan solo de romance. Hablo de amistades, vecinos, y personas con las que acordamos hacer negocios.

Una de las cosas que más admiro de John es su capacidad para tener compasión en una mano y justicia en la otra. Él ofrece ambas con liberalidad y, sin embargo, no se cancela la una a la otra.

Recuerdo que en una ocasión hablaba con mi amigo Bel sobre una persona que una vez me mintió. Habíamos estado trabajando juntos en un proyecto, y esta persona mintió sobre parte de las finanzas. Ben es una década mayor que yo, un cinematógrafo de buen corazón, un hombre de quien uno pensaría que puede aprovecharse. Pero cuando le hablé de mi amigo, Ben dijo: "Don, he aprendido que en esta vida hay personas que dan y otras que toman. Yo he dejado marchar lentamente a los que toman, y ha sido para mejor". Y continuó: "Dios los bendiga, cuando aprendan a jugar según las reglas serán otra vez bienvenidos, pero vale la pena proteger mi corazón".

Al principio fue difícil practicar lo que Ben decía sobre los dadores y quienes toman. Yo me sentía un idiota por haber dejado ir a mi amigo, pero entonces entendí que desde un principio no tuve una relación sana con él. Cuando hay mentiras en una relación, no es que no estés conectando realmente. Y también entendí otra cosa: no era yo quien se alejaba de mi amigo. Fue mi amigo quien no jugó según las reglas y era incompatible en una relación sana. Y aquí está otra cosa extraña. Tras distanciarme de mi amigo le amé más, no menos. Sin ninguna duda me protegí, pero se fue mi enojo. Cuando él ya no me estaba dañando, finalmente pude tener compasión y gracia.

Me hace preguntarme: ¿cuántas personas han dañado sus propias vidas confundiendo gracia con facilitación?

RECUERDO HACE AÑOS, HABER OÍDO UNA HISTORIA bíblica en la iglesia sobre una pareja casada que intentó realizar una estafa en su comunidad. Un hombre llamado Ananías vendió una propiedad y donó parte de los beneficios a la iglesia, pero mintió y dijo que había donado todo el dinero. Dios lo mató al instante. En serio, él cayó muerto justamente después de mentir a la comunidad. Más adelante, sin saber nada de la muerte de su esposo, llegó su esposa y dijo el mismo engaño, y también ella cayó muerta allí mismo. El problema no era si ellos donaron o no todo el beneficio del terreno; muchas personas probablemente no lo hacían. El problema era que ellos mintieron a su comunidad.

Recuerdo oír otra historia en la iglesia. Recuerdo una historia sobre el encuentro que tuvo Jesús con un hombre rico, y que le cayó realmente bien. Jesús invitó al hombre a ir con Él, a vender todo lo que tenía y seguirlo a Él. El rico realmente quería ir, pero no quería vender todo lo que tenía. Jesús miró al hombre y le amó. Jesús no reprendió al hombre ni lo castigó, sino que permaneció allí y sintió amor por él, pero al final ambos se fueron por caminos separados.

Yo solía pensar que esa historia hablaba de los peligros de la riqueza, y hasta cierto grado supongo que así es. Pero también creo que es una historia sobre los límites. Jesús no renunció a su propósito, su comunidad y su llamado para ir a nadar a la piscina del hombre rico o para ir con él de vacaciones a España.

Creo que esa historia sobre Jesús y el rico también significa que aunque todo el mundo está invitado, no todo el mundo está dispuesto.

RECIENTEMENTE VI UN EPISODIO DEL PROGRAMA *60 Minutos* donde Morley Safer entrevistaba al actor e ilusionista Ricky Jay. Él es un hombre que hace juegos de manos, y lo reconocerías si lo vieras. Ha estado en decenas de películas, principalmente representando algunos personajes. Pero lo que mejor se le da es desviar nuestra atención. Puede dejarnos perplejos con una baraja de naipes. Él vende casas empaquetadas, haciendo un truco tras otro con sus cincuenta y dos ayudantes. En la entrevista con Morley Safer, él habló sobre que había anunciado el escándalo Bernie Madoff. Sacó una hoja de papel de un archivo y explicó que se la había entregado a las autoridades meses antes de que agarraran a Madoff. Dijo que él les había dicho a las autoridades que buscaran tres cosas: beneficios de inversiones que estuvieran muy por encima del promedio y que fueran tan frecuentes que los inversores dudarían en pedir un beneficio de su capital; alguien que confiara fuertemente en una afiliación con un grupo inversor, ya fuera religioso, étnico o geográfico; y finalmente, alguien que pusiera dificultades para invertir con ellos, que pareciera no estar interesado en el dinero y que hiciera que las personas les buscaran a ellos en lugar de lo contrario.

Mucho antes de que saliera a la luz el escándalo Madoff, alguien que hace juegos de manos predijo todo el asunto. ¿Por qué? Porque era un maestro de la manipulación. Él conocía los trucos. Lo notable, sin embargo, es que Morley Safer se lo creyó, y pensó que Ricky Jay era un genio. Entonces Ricky Jay había engañado también a Morley Safer, porque había escrito todo aquello la noche antes de la entrevista, lo había impreso en papel y lo había metido en un archivo para poder llevarlo a la entrevista. Ricky Jay no había anunciado de ninguna manera los delitos de Bernie Madoff. Un engañador que es un engañador es un engañador. Al menos Ricky Jay fue sincero al final.

Yo respeto a Ricky Jay, pero no lo respeto porque pueda realizar un buen engaño; lo respeto porque hay algo en él que quiere confesar, quiere revelar sus trucos, quiere conectar con las personas. Es cierto que el manipulador es la persona

> A MENOS QUE SEAMOS SINCEROS UNOS CON OTROS, NO PODEMOS CONECTAR, NI PODEMOS TENER INTIMIDAD.

más solitaria del mundo; y la segunda persona más solitaria es la persona que está siendo manipulada. A menos que seamos sinceros unos con otros, no podemos conectar, ni podemos tener intimidad. Solo Dios puede entrar en el corazón de una persona manipuladora, e incluso entonces se queda sentado en silencio, esperando que la persona deje de realizar su engaño.

HACE MÁS O MENOS UN AÑO LEÍ UN ARTÍCULO QUE DECÍA que en los próximos cinco años nos convertiremos en un conglomerado de las personas con quienes salimos. El artículo llegaba a decir que las relaciones eran un indicador de quiénes llegaremos a ser, mejor que el ejercicio, la dieta, o el consumo de medios de comunicación. Y si lo piensas, la idea tiene sentido. Por mucho que seamos seres independientes, contenidos en nuestra propia piel, las ideas y experiencias que intercambiamos con otros crecen en nosotros como enredaderas y se revelan en nuestras maneras, nuestro lenguaje, y nuestra perspectiva de la vida. Si quieres hacer feliz a una persona triste, comienza plantándolo en una comunidad de personas optimistas.

Tras leer el artículo, era más cuidadoso con las personas con quienes pasaba tiempo. Quería estar con personas que fueran humildes y hambrientas, que tuvieran relaciones sanas, y que estuvieran trabajando para crear realidades nuevas y mejores en el mundo.

EL OTRO DÍA ENTRÉ EN UN RESTAURANTE PARA TERMINAR trabajo y me encontré con mi viejo amigo Thad Cockrell. Él es una estrella del rock, en cierto modo. Es el cantante de una banda llamada Leagues, y a Betsy y a mí nos encanta su música. Me acerqué a saludarlo, y le pregunté cómo le iba. Él fue sincero, y me dijo que no demasiado bien. "¿Por qué?", le pregunté. Él me indicó que me sentara.

Thad dio un suspiro y sonrió, y me dijo: "Don, estoy solo".

"¿Solo?", pregunté.

"Sí, solo", repitió él.

Fue un poco extraño. Ese hombre ha tenido más de unas cuantas novias y probablemente podría salir del restaurante con cualquier muchacha. Pero dijo que quería más, que quería sentar cabeza y tener a alguien de quien ocuparse. Dijo que, sin embargo, había sido difícil. La mayoría de sus relaciones se habían desplomado y quemado, y le dejaron con el corazón roto. "Es estupendo para la música, pero terrible para mi alma", dijo.

Yo reconocí su situación. Él era yo mismo, solamente un par de años atrás. "Thad", le dije, "¿puedo pedirte algo?".

"Claro que sí", dijo él, "mientras no lo pongas en un libro".

"Cambiaré tu nombre y pondré Ralph", prometí.

"Pídeme lo que quieras".

"Ralph", dije yo. "¿te atrae el drama?".

Él comenzó a reír en cuanto le hice la pregunta. "¿Es tan obvio?", dijo. Yo le dije que no era obvio, pero a veces cuando una persona se mete en varias relaciones que fracasan, es atraída al drama.

Entonces le dije algo que mi amigo John Cotton Richmond me dijo una vez: que el 90 por ciento de los problemas de las personas podrían prevenirse si escogieran a personas más sanas a quienes entregarles su corazón.

Ralph me miró con curiosidad. "¿Qué es una persona sana?", preguntó. Yo le dije que aún estaba descifrando eso yo mismo, pero que no había conocido a muchas personas sanas que fueran dramáticas.

La realidad es esta, sin embargo: una persona sana emparejada a una persona poco sana dará como resultado una relación poco sana.

AQUÍ ESTÁ UNA HISTORIA REAL QUE NO TE HE CONTADO. Cuando Betsy y yo nos conocimos, ella no tenía interés en mí porque tenía la sensación de que yo no era una persona sana. No es broma. Cuando comenzamos nuestro noviazgo nos conocíamos desde hacía cinco años. A mí me gustó ella inmediatamente. Ocasionalmente le enviaba un correo electrónico, y cuando yo estaba en el DC, quedábamos para tomar un café. Aunque ella era educada, nunca me condujo a creer que tenía interés en mí. Y era cierto: no lo tenía.

Cuando yo comencé a cambiar, fue cuando Betsy comenzó a pensar en mí como algo más que un amigo. Una noche cenamos juntos para ponernos al día, y yo le hablé de *Onsite*, sobre el trabajo que había estado haciendo y sobre que me tomaba un descanso en cuanto a citas amorosas. Le dije que estaba intentando saber lo que significa tener una relación sana. No era el tipo de conversación que atrae a la mayoría de mujeres, pero Betsy quedó intrigada. Creo que había estado cerca de tantos hombres que intentaban impresionarla, que la verdad captó su interés.

Cuando terminé mi periodo sin citas, le llamé y le pedí que fuéramos novios, y ella estuvo de acuerdo. Tuvimos un noviazgo a distancia durante un tiempo. Yo viajaba al DC un fin de semana, y al mes siguiente ella iba a visitarme en Portland. Después de un tiempo, sin embargo, yo comencé a repetir viejos hábitos.

En aquella época, yo manipulaba a las mujeres hablándoles de matrimonio mucho antes de que la relación hubiera sido probada. Lo hacía para mantener a la muchacha en mi red y tener una sensación de seguridad, momento en el cual yo perdía el interés.

Pero Betsy no cayó en esa red, ni dejó que le asustara. Simplemente explicó que no parecía sano para nosotros que habláramos ya de matrimonio. Aunque yo me sentí tentado a ponerme a la defensiva y ser dramático, entendí que ella tenía razón. Tarde o temprano, las cosas que había aprendido sobre las relaciones sanas intervinieron, y comencé a confiar en el proceso lento y natural de aprender a amar y ser amado por otra persona.

Estaría mintiendo si dijera que nuestra relación fue tan emocionante como las relaciones poco sanas en las que había estado en el pasado, pues no lo fue. Pero yo había perdido el gusto por el drama. El otro lado de la pasión de Hollywood es desengaño y soledad; y con mayor frecuencia, resentimiento y cinismo acerca de la naturaleza del amor mismo.

> LA VERDADERA INTIMIDAD ES PRECISAMENTE ASÍ: ES EL ALIMENTO QUE COSECHAMOS DE UN TERRENO BIEN CULTIVADO.

Betsy y yo estábamos construyendo más una sinfonía que una canción pop.

No me malentiendas. El amor es maravilloso, y llegar a conocernos el uno al otro fue la cosecha de una larga estación de cultivo. Pero la verdadera intimidad es precisamente así: es el alimento que cosechamos de un terreno bien cultivado. Y como la mayoría de las cosas buenas para nosotros, es un gusto adquirido.

8

Obsesionado por el control

TRAS ENTENDER QUE LLEGAMOS A SER COMO LAS personas con las que pasamos tiempo, decidí estar con mejores personas. Tenía un amigo al otro lado de la ciudad llamado David Price, que estaba casado con una mujer estupenda, y dirigía su propio negocio analizando datos para grandes empresas. Antes de ser analista de datos, sin embargo, trabajó para un escritor en Colorado llamado John Eldredge. Eldredge escribe libros sobre el tema de hombres, y yo soy un seguidor de su trabajo. No sé si fue porque David había trabajado para John o si es que él estaba formado de manera diferente, pero lo que me gustaba de David es que él no tenía interés en hablar de nimiedades. David entendía la vida como un viaje del corazón, y quería saber cómo iba mi corazón en el viaje. Para ser sincero, a veces las conversaciones con él me resultaban cansonas, pero entendí que me cansaba solamente porque yo intentaba esconderme. Prefería hablar de fútbol o del tiempo en lugar de hablar de mi corazón. Al final, cedí y comencé a abrirme con él.

No nos hicimos los amigos más íntimos, pero él era mi mejor amigo. Con mejor amigo me refiero a que él era la mejor persona con la que yo podía hablar. Cada vez que me iba después de tomarme una cerveza o almorzar con él, en cierto modo yo era una persona más centrada. Él nunca me permitía controlar la conversación con distracciones. Solamente las dejaba a un lado con unas risas, y repetía la pregunta de la que yo huía.

David y su esposa acababan de tener gemelos, y él estaba buscando una oficina fuera de su casa. Yo sabía que si quería enderezar mi vida, tenía que pasar más tiempo con David, así que alquilé una oficina al otro lado de la calle donde él vivía, le compré un escritorio, y le dejé que la usara gratuitamente. Sabía que si quería cambiar, necesitaba pasar más tiempo con las personas como las que quería llegar a ser. Decidí adoptar un enfoque un poco más agresivo al respecto.

HAY PERIODOS DE PODA EN LA VIDA, Y TAMBIÉN HAY periodos de crecimiento. Cuando miro atrás a mi vida, puedo decir que el mayor crecimiento llega justo después de ser podado. David tenía esa manera sincera y amable de restringirme; no creo que lo hiciera con intención, pero ese hombre era como un espejo que siempre me reflejaba la verdad de quién era yo. Dudo que hubiera sido capaz de tener una relación sana sin él.

Antes de aprender a ir en serio en una relación romántica, yo utilizaba a las mujeres para obtener validación. Pasaba de una muchacha a otra sintiendo demasiado y demasiado pronto, y después finalmente sin sentir nada en absoluto. A David no le tomó mucho tiempo observar el patrón.

En las mañanas, antes de comenzar a trabajar, yo escuchaba sus historias sobre dar de comer a los gemelos en mitad de la noche, y después él escuchaba las mías sobre mi interés amoroso más reciente. Poco después, él me confrontó.

Estábamos almorzando en un restaurante hindú y yo le estaba hablando de una muchacha que conocí en Michigan, pero en lugar de hacer preguntas sobre ella, que era algo que él hacía normalmente, me preguntó si yo obtenía mi identidad de manipular a esas muchachas. Dijo que parecía extraño actuar con tanta rapidez en un encaprichamiento.

Eso me dejó perplejo y a la defensiva. "No creo que esté siendo manipulador. Quizá me guste realmente esa muchacha."

Él dijo: "Quizá, pero la mayoría de hombres no tienen sentimientos tan fuertes por tantas muchachas en un año, Don. Solo el mes pasado estabas hablando así de otra muchacha. Creo que podrías estar utilizando a esas muchachas para aliviar tus heridas. Eres adicto a cierta fantasía romántica, pero no puedes enfrentarte a la realidad de que el amor demanda que tomemos una decisión y la continuemos".

¿Aliviar mis propias heridas? David no estaba siendo desagradable, estaba siendo directo. Pero de todos modos hizo daño. Lo que más hirió es que él no me consideraba fuerte o masculino por atraer a esas muchachas. Me consideraba débil, me consideraba necesitado.

Y él tenía razón.

En cada relación que había tenido, fantaseaba con otras mujeres. Una mujer nunca era suficiente. Yo las quería a todas. Parte de eso era fantasía sexual, desde luego, pero gran parte era romántico, el tipo de sueños que se tienen despierto donde yo impresionaba a una muchacha, le compraba una casa, y teníamos hijos.

Conocía a una muchacha, después había cierto encaprichamiento, y luego comenzaba a soñar despierto con ser su héroe. Esto es terriblemente vergonzoso admitirlo, pero juro que había una cámara en mi cerebro que transmitía siempre un programa de televisión imaginario, y yo era el personaje principal amante de la diversión. Mis compañeras de reparto eran intercambiables, a veces una mujer con la que me encontraba en una cafetería, quizá una muchacha que conocía en una firma de libros, pero tristemente, ninguna de ellas me importaba mucho en la vida real. Solo las utilizaba como personajes en una fantasía. Nunca supe en el momento lo que estaba haciendo, o no tenía plenamente consciencia de ello. Entiendo ahora que eso es horrible. Me rompería el corazón si uno de mis hijos siguiera mis pasos.

HABLAR CADA MAÑANA CON DAVID ME AYUDÓ A ENTENDER que las muchachas de las que me encaprichaba eran todas iguales: eran las muchachas que no estaban interesadas en mí en la secundaria. Lo que yo hacía era que estaba regresando y visitando de nuevo las historias rotas que había vivido en mis años de formación, intentando arreglar mi pasado roto. Había crecido siendo pobre, de modo que la mayoría de las muchachas de las que me enamoraba más adelante en la vida eran de familias prominentes. Yo nunca fui deportista o popular, de modo que las muchachas de las que me enamoraba habían sido, por lo general, populares o animadoras. Nunca supe esas cosas hasta que comenzábamos a tener citas, pero algo en mí lo sentía y las perseguía como si ellas fueran medicina. Es como si mi identidad rota estuviera intentando validarse a sí misma con cierta clase de personas.

Cuanto más sano estoy, más me sorprendo de los deseos engañosos que con tanta frecuencia confundimos con el amor.

Está claro que nada de eso funcionaba nunca. Mi identidad rota me convirtió en un manipulador, y mi vida romántica se parecía a uno de esos programas de pesca en la televisión, un juego de cazar y soltar en el cual yo solo sostenía a la muchacha el tiempo suficiente para tomar una fotografía.

> CUANTO MÁS SANO ESTOY, MÁS ME SORPRENDO DE LOS DESEOS ENGAÑOSOS QUE CON TANTA FRECUENCIA CONFUNDIMOS CON EL AMOR.

UNA MAÑANA, DAVID MENCIONÓ QUE DEBERÍA DEJAR DE tener citas amorosas durante un tiempo. Cuando lo dijo, yo tuve un ataque de pánico silencioso en mi escritorio. Dudo que él lo notara. Moví un poco mi ratón y me quedé mirando al tablón de anuncios detrás de mi escritorio, imaginando a David, su guapa esposa y sus hijas gemelas despidiéndose con sus manos por la ventana de una espaciosa estación, todos ellos vitoreando frenéticamente al loco tío Don, que flotaba en medio del frío vestido con el almidonado traje blanco de la soltería.

"Podría ser bueno para ti un periodo de retirada", me dijo, "para desintoxicarte de todo el dramatismo".

Yo pensé: *¿Desintoxicarme? ¿Es que ahora soy un adicto?*

Fantaseé con lanzarle mi grapadora.

AL FINAL, SIN EMBARGO, ACEPTÉ EL CONSEJO DE DAVID. Decidí pasar seis meses sin citas amorosas. Habría estado mintiendo si dijera que fue fácil. Unas semanas después estaba yo en una firma de libros, y conocí a una agradable mujer de la alta sociedad cuyo tío era senador. Ella estaba allí de pie, ladeó su cabeza y me dijo cuánto teníamos en común con unos labios tan brillantes como una pipa de crack. Fue lo único que pude hacer para dejar de darle un apretón de manos. Miré fijamente su nuca mientras ella salía por la puerta y esperando que misteriosamente volviéramos a encontrarnos el uno al otro cuando yo saliera de la cárcel de David.

> EL CAMBIO SOLAMENTE LLEGA CUANDO NOS ENFRENTAMOS DE CARA A LA DIFICULTAD DE LA REALIDAD.

Aquella noche en mi habitación del hotel soñaba despierto con esa mujer, fuera cual fuera su nombre. En un periodo de treinta minutos estábamos casados y teníamos varios hijos, y un día cuando tuviéramos sesenta años, su tío y yo nos sentaríamos en mi elegante biblioteca bebiendo whisky cuando él me invitara a presentarme como candidato para su escaño en el Senado. Brillante.

Aborrecía mucho a David. Él lo estaba arruinando todo.

Pero al mismo tiempo podía sentir la necedad de todo aquello. La mayoría de mis logros románticos habían tenido lugar en mi cabeza, y en esas historias no había ningún riesgo y, por lo tanto, ninguna emoción; solo el consuelo del azúcar.

Tampoco había arco del personaje. El cambio solamente llega cuando nos enfrentamos de cara a la dificultad de la realidad. La fantasía no cambia nada, razón por la cual cuando hemos terminado de fantasear, la sentimos como una historia de bancarrota.

TERMINÉ TOMÁNDOME MÁS DE SEIS MESES LIBRES. HABÍA pasado casi un año antes de comenzar a tener citas amorosas otra vez. En cierto modo, la desintoxicación funcionó. Tras unos meses, tenía la capacidad de alejarme de la tentación. Pero cuando comencé a salir con Betsy fue cuando me di cuenta de lo mucho que mis fantasías habían afectado negativamente a mis relaciones.

Esto es lo que sucedió. Yo me mudé al DC para seguir a Betsy y, claro está, había comenzado a dirigir una completa historia de amor en mi mente. Betsy hacía el papel de la muchacha hermosa y sofisticada que me veía como un héroe, y yo hacía el papel del agente de poder atractivo y que trabajaba duro.

En el pasado, en cuanto la muchacha no parecía encajar en el papel que yo imaginaba para ella, yo comenzaba a enfocarme en lo complicada que era la relación, y pasaba a alguna otra fantasía de corta vida.

Betsy no era quien yo creía que sería. Ella venía de una familia estupenda y había trabajado cerca de congresistas y senadores en Capitol Hill, pero tenía poco deseos de casarse con uno de ellos. Los veía como hombres demasiado ocupados y en una lucha constante por proporcionar apoyo emocional para sus familias. Y más que ninguna otra cosa, ella quería una familia sana. Sus relaciones se trataban más de recuerdos compartidos y valores comunes que de colaboraciones estratégicas para ayudarse el uno al otro a tener éxito. Eso me mataba. Yo le preguntaba por qué íbamos a ver a fulanita de tal, y ella decía algo sobre que no se habían visto en mucho tiempo, y que una vez se quedaron despiertas toda la noche fumando cigarrillos en el césped y hablando de chicos.

Yo no tenía ninguna categoría mental para ese tipo de amistades. No estaba seguro de cómo ese tipo de amistad beneficiaba en algo a nadie. ¿Qué intentaban construir? ¿A quién intentaban sobrepasar? ¿Cuáles eran las reglas del juego, y cómo iban a ganar? Esas son las preguntas que importan en la vida, ¿cierto?

"Quedarse despierta toda la noche fumando cigarrillos y hablando de chicos me parece una pérdida de tiempo", le dije dulcemente.

Betsy levantó las cejas.

> A VECES, ESTAR DISPUESTO A HABLAR DE NADA MUESTRA CUÁNTO QUEREMOS ESTAR JUNTOS. Y ESO ES PODEROSO.

"A veces, el verdadero vínculo sucede en conversaciones sobre nada importante, Don", dijo ella. "A veces, estar dispuesto a hablar de nada muestra cuánto queremos estar juntos. Y eso es poderoso".

Podría tener razón. No estoy dispuesto a decirlo en este punto. Dios sabe que yo no voy a quedarme despierto toda la noche para sentarme en un césped y hablar de nada. Betsy dijo que si tenemos hijos lo haré, y supongo que así será. Es chistoso lo que te sucede cuando parte de tu corazón nace en el interior de otra persona. Confío en que haré las locuras que hacen los padres y no parecerán locuras.

Una vez hice el test DISC, un test que evalúa tu estilo de trabajo y ofrece un reporte que las personas pueden leer si quieren saber cómo trabajar contigo. Mi reporte decía: "Nunca hable con Don de nada que no avance sus metas". Bien podría haber dicho: "Don es un monstruo. No lo mire a los ojos".

PERO HUBO ALGO BASTANTE HERMOSO SOBRE ESO NUEVO con Betsy. Ella me estaba llevando a un lugar. Yo había conocido a suficientes hombres mayores que entregaron sus vidas a su profesión y no tienen nada para mostrar a cambio salvo mucho dinero, poder y soledad, para darme cuenta de que Betsy tenía razón. Las relaciones importan; importan tanto como el ejercicio y la nutrición. Y no todas las relaciones nos ayudan a alcanzar nuestras metas. Dios no nos da hijos que lloran y hacen sus necesidades porque quiere avanzar nuestras carreras profesionales. Él nos los da por la misma razón por la que confundió el lenguaje en la Torre de Babel: para crear caos y evitar que invirtamos demasiada energía en los codiciosos ídolos del ensimismamiento.

Por lo tanto, esta vez tenía que quedarme. No podía huir de Betsy como había hecho con todas las demás muchachas. Tenía que enfrentarme a la realidad de que yo nunca sería el director de mi propia historia de amor distorsionada. Tenía que entender que Betsy nunca sería una actriz que leía un guion que yo había escrito. Era ella misma con sus propios deseos y pasiones, y no había nada que yo pudiera hacer para controlarla.

TENGO UN AMIGO PASTOR QUE DICE QUE LA RAÍZ DEL pecado es el deseo de control. Yo creo que hay cierta verdad en eso, y añadiría que la raíz del control es el temor. La razón por la que yo tenía una vida de fantasía tan abundante se debía en parte a que me proporcionaba una sensación de control. No había ningún riesgo en mi vida de fantasía, y el riesgo era lo que yo más temía. Después de todo, amar a alguien es dar a esa persona la capacidad de hacerte daño, y nadie puede hacerte daño si tú eres la única persona que escribe el guión. Pero eso no funciona. Las personas controladoras son las personas más solitarias del mundo.

Algunas personas ponen en práctica sus tendencias controladoras mediante la intimidación o el acoso. Yo he hecho eso, sin duda alguna, pero es la misma tendencia que impulsaba mi vida fantasiosa: es el deseo de ser el escritor del guión de otra persona y controlar todos los aspectos de la historia. Es triste. Ni siquiera Dios controla las historias de las personas, y Él es el único que realmente puede hacerlo.

HUBO UN TIEMPO EN QUE MIS TENDENCIAS CONTROLADORAS casi hicieron descarrilar mi relación con Betsy. Fue nuestro periodo más oscuro.

Lo siguiente es lo que sucedió: Betsy y yo nos habíamos comprometido en el DC y planeábamos mudarnos a Nashville después de realizar la boda en Nueva Orleáns, donde vive su familia. Comenzamos a hablar de comprar una casa, y debido a que yo conocía Nashville mejor que ella, limité los barrios a aquellos donde yo quería vivir. Sin pedir la opinión de Betsy, me reuní con un agente inmobiliario y le dije que nos pusiera en una lista automatizada, que incluyera con detalle solamente opciones que yo había aprobado de antemano. Entonces comencé a construir mis vías del tren. Con eso me refiero a que puse largas vigas de acero inamovibles para nuestro futuro, que ella nunca podría quitar. Yo iba a conseguir la casa que quería, y ella iba a vivir allí.

Todo se desmoronó, desde luego, cuando Betsy y yo viajamos a Nashville para ver las casas personalmente. Había secciones completas del mapa donde yo no entraría conduciendo. No hice otra cosa sino inventar historias acerca de basureros de desechos nucleares y hábitats protegidos por la Agencia Medioambiental para aves raras.

"En esa casa se produjo un asesinato doble", dije.

"Es una construcción nueva", protestó Betsy. "¡Nadie ha tenido tiempo para ser asesinado en ella!".

Lo cierto es, sin embargo, que yo había encontrado la casa. Era una casa bastante grande a pocos kilómetros de mi oficina. Tenía un buen patio y un campo gigantesco detrás para el perro. Había dos garajes separados, y mi intención era convertir uno de ellos en un gimnasio casero. Tenía una oficina grande que haría las veces de biblioteca de casa y sala de estar con preinstalación para un televisor lo bastante grande para un estadio deportivo. Las habitaciones para invitados estaban lo suficientemente alejadas de la principal y yo no tendría que relacionarme con las amigas de Betsy. Era una construcción nueva, lo cual significa que no me había pasado la vida estudiando videos en YouTube sobre inodoros que gotean. Perfecto.

El agente inmobiliario nos llevó primero a otras casas más pequeñas, dejando para el final la que yo quería. Todas las demás casas tenían algún defecto intencionalmente, de modo que esta última pudiera verse como la mejor. Yo estaba seguro de mi estrategia.

Mientras recorríamos la casa, yo no dejaba de hablar de las pequeñas cosas que a ella podrían resultarle atractivas. Mucho espacio para invitados. Un patio lo bastante grande para tener un huerto. Viejos árboles. Un porche donde podríamos cenar mientras nos agarrábamos de la mano. Ella recorrió la casa en silencio, mirando en todos los armarios. No se quedó quieta del modo en que alguien lo hace cuando está teniendo un momento especial, y yo me preocupé. Le indiqué a nuestro agente que nos diera un poco de espacio, y él salió al patio dejándonos a Betsy y a mí en la cocina.

"No me encanta", dijo ella.

"Estás loca", respondí yo.

"No estoy loca. Creo que deberíamos repasar otra vez nuestra lista. Esta no es la casa."

"Esta es la casa", dije yo. "Es esta exactamente. Tiene todo lo que quieres, Betsy, un fregadero en la cocina y todo lo demás."

"Ni siquiera me has preguntado lo que quiero", dijo ella claramente.

"Pero ¿qué podrías querer que esta casa no tenga? ¿Quieres que tenga un helipuerto? ¿Un tobogán de agua? ¿Qué te ocurre?".

Había una expresión en los ojos de Betsy que yo no había visto antes. Se quedó allí de pie en silencio con su mano apoyada sobre la encimera de la cocina. La expresión no era de enojo exactamente, sino que se parecía más a tristeza mezclada con temor. Era la expresión de un animal atrapado que se pregunta lo que va a hacer su captor, y si vivir en una jaula podría ser peor que morir.

"Quiero que me digas qué hay de malo en esta casa", demandé yo. A esas alturas había perdido la capacidad de empatizar. Lo que se suponía que iba a suceder no estaba sucediendo, y yo sentía que mi plan me estaba siendo arrebatado.

"No sé qué hay de malo en la casa, Don. No estoy segura". Su mano temblaba sobre la encimera, y ella la ocultó en el bolsillo de su forro polar.

"Estás intimidando", dijo ella en voz baja.

"¿Intimidando?", dije deliberadamente, como para acusarla de hacer un drama.

Hay momentos en la vida de un hombre en los que dice cosas que nunca podrá retirar. Es cierto que las palabras pueden tener un impacto físico sobre alguien. Una persona puede conmocionar con sus palabras. Las palabras pueden dispararse tan rápidamente como una trampa en el bosque, y dejar una víctima que se retuerce durante semanas.

> HAY MOMENTOS EN LA VIDA DE UN HOMBRE EN LOS QUE DICE COSAS QUE NUNCA PODRÁ RETIRAR.

"Cuando tengas el dinero para dar un depósito, o para una hipoteca, tu opinión importará un poco más", dije yo.

Los ojos de Betsy se llenaron de lágrimas. Se dio la vuelta y salió por la puerta.

TUVO QUE PASAR BASTANTE TIEMPO HASTA QUE ELLA pudiera perdonarme. Te aseguro que nunca he vuelto a pronunciar palabras como esas. Fueron injustas. Te cuento esta historia como confesión. Yo estaba equivocado, y además, la realidad para Betsy era que ella ocupaba un puesto muy estimado en una gran empresa en el DC. Su carrera acababa de comenzar, pero ella no nos necesitaba a mí ni a mi dinero. Su mayor temor era que escogerme a mí por encima de su carrera profesional llegara a expensas de su libertad y su identidad. Ella alegremente habría renunciado a su carrera a cambio de una familia, pero no quería perder su identidad. Ella quería ser Betsy, y quería tener su ropa, y sus cosas, y su casa, y quería todo eso conmigo y lejos de mí.

> NO PUEDES CONTROLAR A ALGUIEN Y TENER INTIMIDAD CON ESA PERSONA AL MISMO TIEMPO.

Nadie nunca te dice cuando naces siendo un obsesionado por el control, que ser así te costará una vida amorosa sana, pero es cierto. No puedes controlar a alguien y tener intimidad con esa persona al mismo tiempo. Puede que la persona se quede porque te teme, pero el verdadero amor echa fuera el temor.

Betsy y yo no volvimos a sentirnos cerca otra vez hasta que nos fuimos del DC y nos mudamos a Nueva Orleáns para hacer los preparativos para la boda. Y fueron necesarias muchas conversaciones para entender el daño que yo había causado. Encontrarla en el bosque y abrir la trampa fue un trabajo detallado, y tomó tiempo. Increíblemente, ella no me hizo pagar por mi error. No jugó a ser la víctima, y eso me dio el espacio para la autorreflexión.

Para mí, ceder al control implicó un periodo de dolor. Me recordó la diferencia entre escribir un libro y escribir una película. Cuando escribes un libro, tú controlas cada palabra, pero con una película compartes agencia con el productor y el cinematógrafo, e incluso con los actores. Todo aquel que toca el guión lo interpreta de modo diferente, y cuando llega a los cines no se parece en nada a lo que habías imaginado. Sin embargo, en muchos aspectos se ve mejor. El director fue capaz de suavizar tus puntos ciegos, y los actores dieron a tus personajes nuevas dimensiones que les hicieron ser reales y hermosos.

La lucha en mi relación con Betsy se trataba de compartir agencia. ¿Estaba yo dispuesto a entrar en eso sin tener idea de cómo se vería el producto terminado? ¿Podría renunciar a mi sueño de fundirlo con el de ella y conformarme, y quizá sorprenderme por lo que podría suceder en una vida compartida?

Betsy y yo encontramos una casa apropiada para nosotros. El garaje no era lo bastante grande para convertirlo en un gimnasio casero, y la oficina era más pequeña de lo que yo quería, pero las habitaciones de invitados estaban lo bastante alejadas de la principal para asegurar la intimidad. Y los dos queríamos tener muchos invitados. El lugar estaba preparado también para un televisor gigantesco, un poco mayor de lo que a Betsy le gustaba, pero ya se sabe que todos hacemos sacrificios. Sin embargo, a Betsy le encanta el patio trasero, y hay espacio suficiente para un huerto. Ella quiere aprender a cocinar alimentos que cultivemos en nuestro propio huerto. Yo encontré un

> INTIMIDAD SIGNIFICA QUE ESTAMOS INDEPENDIENTEMENTE JUNTOS.

lugar cerca de la ciudad que vende traviesas de ferrocarril, y he estado viendo videos en YouTube sobre cómo fabricar un lecho para cultivar verduras. Y no lo creerías, pero esa misma empresa con la que ella trabajaba en el DC la contrató para trabajar sobre una base de proyecto a proyecto desde casa. Por lo tanto, ella ha comenzado su propia empresa consultando con sus antiguos asociados.

Los dos tenemos nuestra independencia y libertad, pero tenemos esas cosas el uno con el otro. Es una paradoja, pero funciona. Todo ello me recordaba lo que me dijo mi amigo Henry Cloud: que cuando dos personas están enteramente y completamente separadas, son finalmente compatibles para ser una. La autoestima de las personas no vive en el interior de otra persona. Intimidad significa que estamos independientemente juntos.

NO SÉ POR QUÉ AMAR A UNA MUJER PUEDE DAR MÁS miedo que escalar una montaña o navegar en un océano, pero así es. Una montaña puede hacer daño a tu cuerpo, y un océano puede ahogarte, pero al final sigues siendo un hombre por conquistarlos. Vivo o muerto, sigues siendo un hombre. Una mujer, sin embargo, puede robarte tu masculinidad y reducirte a un muchacho con decir una sola palabra. No es de extrañar que todos intentemos controlarnos unos a otros. A veces, las relaciones dan la sensación de estar intentando acunarnos emocionalmente el uno con el otro, al mismo tiempo que nos derribamos el uno al otro.

> LAS HISTORIAS DE AMOR VERDADERO NO TIENEN DICTADORES, TIENEN PARTICIPANTES.

Pero el amor no controla, y supongo que por eso es el riesgo supremo. Al final, tenemos que esperar que la persona a la que entregamos nuestro corazón no lo romperá, y estar dispuestos a perdonarla cuando lo haga, igual que también nosotros seremos perdonados.

Las historias de amor verdadero no tienen dictadores, tienen participantes. El amor es la narrativa de una aventura siempre cambiante, complicada, cada quien elige la suya, y ofrece el mundo, pero no garantiza nada. Cuando escalas una montaña o navegas en un océano, eres recompensado por mantenerte en control.

Quizá esa es otra razón por la cual la verdadera intimidad es tan aterradora. Es la única cosa que todos queremos, y tenemos que renunciar al control para obtenerla.

9

Cinco tipos de manipuladores

DURANTE MI PERIODO DE NO TENER CITAS LEÍ ALGUNOS libros acerca de personas manipuladoras. Los mejores fueron *Safe People* (Personas Seguras), de Henry Cloud y John Townsend, y *Who´s Pulling Your Strings?* (¿Quién Maneja Tus Hilos?) de Harriet Braiker. Ambos libros llegan a la misma conclusión: nunca tendrás una relación sana con una persona engañosa o manipuladora.

Leí esos libros porque otra cosa que entendí mientras Betsy y yo éramos novios es que una persona sana en una relación con una persona poco sana sigue formando una relación poco sana. Aquellos de nosotros que no hemos renunciado a los trucos rápidos y nos hemos establecido en el trabajo duro y vulnerable de conectar, probablemente batallaremos.

Sin duda, yo estaba arreglando mis cosas. Aún no estaba totalmente sano, pero sí lo bastante para comenzar a buscar un tipo de compañera diferente. Quería a alguien que pudiera ser leal, misericordiosa, comprometida y perdonadora.

Leer a Cloud y Townsend, junto con Harriet Braiker, me permitió saber quién es el enemigo dominante de cualquier relación. Es la deshonestidad, y específicamente la deshonestidad implicada en ser una persona manipuladora.

> EL ENEMIGO DOMINANTE DE CUALQUIER RELACIÓN ES LA DESHONESTIDAD.

En el tiempo en que yo era terrible en las relaciones, nunca lo llamaba manipulación. Una comadreja no sabe que es una comadreja. Tan solo hace lo que le funciona para obtener comida. Llegar a ser sano, entonces, es como convertirte en humano después de haber pasado años como comadreja.

Recuerdo que comencé a hacer negocios con un hombre en la misma época en que leí esos libros sobre las personas seguras, y tuve que preguntarle algunas cosas sobre su pasado que parecían oscuras. Él fue acusado de quedarse con dinero de un jefe anterior. Fue sincero conmigo al principio, admitiendo todo lo que había hecho. También me prometió que había cambiado. No dejaba de usar la palabra integridad como si intentara reforzarse a sí mismo.

Cuando le pregunté por qué había hecho lo que había hecho en primer lugar, qué problemas le hicieron ser tan engañoso, él no tenía respuesta. Solo divagaba y seguía usando la palabra integridad. Todo aquello me dio una mala impresión. El alma no es tan diferente del cuerpo físico en que cuando tenemos un problema, podemos diagnosticarlo y un médico puede ayudarnos a mejorarlo si cambiamos nuestro modo de vivir. Yo podría haber estado juzgando mal a ese hombre, pero todas las personas que he conocido y que realmente han pasado de ser poco sanos a ser sanos tienen una historia, una historia sobre tocar fondo, entender lo que estaban haciendo mal, y después cambiar radicalmente su modo de vivir para no volver a repetir los mismos errores. Este hombre no dejaba de mostrarme mucho teatro acerca de cómo había cambiado, pero no tenía una historia. Los personajes solo cambian cuando viven una historia. Decidí no hacer negocios con él.

Los exadictos pueden oler la falta de sinceridad en la historia de otra persona. No estoy juzgando la falta de sinceridad, porque podría ser parte del camino hacia la sinceridad. ¿Quién sabe? Solo digo que yo ya no la confundo con salud. Es solamente drama.

Como dije antes, siempre que hay mucho dramatismo, con frecuencia existe manipulación. La semana pasada vi a un presentador de noticias entrevistar al presidente, y fue asombroso. Era como si al entrevistador no le importara la verdad o descubrir algo. Solamente quería crear drama. No dejaba de atrapar al presidente, y el presidente seguía dándole respuestas seguras. Al final, no creo que el pueblo americano aprendiera nada sobre el presidente o sobre los asuntos de los que se hablaban, ni tampoco de ninguna otra cosa. Solo habíamos sido entretenidos durante media hora por dos hombres que peleaban por las palabras.

> SIEMPRE QUE HAY MUCHO DRAMATISMO, CON FRECUENCIA EXISTE MANIPULACIÓN.

LA MANIPULACIÓN PUEDE ENTRETENER, Y PUEDE ayudarnos a controlar a personas y obligarlas, pero tiene un lado malo en las relaciones.

Yo tuve una conversación aleccionadora con Betsy no hace mucho tiempo. Ella señaló que con frecuencia, cuando terminaba el trabajo, le daba un reporte más brillante sobre cómo había ido el día de lo que era técnicamente cierto. Tengo un negocio bastante grande que ayuda a las marcas a relatar su historia, de modo que yo hablaba sobre cómo habíamos trabajado con un nuevo cliente importante… y una hora después explicaba que era solamente una llamada telefónica de presentación. Casi no podía evitarlo, sin embargo. Quería que ella supiera cuán emocionado estaba yo y lo bien que nos iba. Pero Betsy dijo que yo lo había hecho unas cuantas veces, y que últimamente ya no se emocionaba hasta que entendió "toda la verdad". Vaya. Después de aquello, comencé a no exagerar y no elaborar tanto sobre noticias acerca del nuevo negocio. Ella siempre se alegraba al descubrir que las cosas iban mejor de lo que yo había dicho. Eso le ayudaba a confiar más en mí.

UNA DE LAS COSAS DE LAS QUE HENRY CLOUD Y JOHN Townsend me convencieron en su libro *Safe People* es que el engaño en cualquiera de sus formas mata la intimidad. Debido a que la intimidad está basada en la confianza, cualquier forma de manipulación al final romperá esa confianza. La manipulación, entonces, se convirtió en el enemigo. Betsy y yo la detectábamos viendo televisión, principalmente canales de noticias. Observamos

> EL ENGAÑO EN CUALQUIERA DE SUS FORMAS MATA LA INTIMIDAD.

que las noticias avivaban temor sobre lo que podría suceder, vergüenza hacia cualquiera que estuviera en desacuerdo con el presentador, e intimidación por parte del presentador para lograr que el invitado cediera. Era demasiado.

De hecho, todo eso llegó a convertirse en un juego. Creamos cinco categorías de manipulación y, de una manera ligera, desde luego, lo señalábamos siempre que uno u otro de nosotros estaba siendo manipulador. Es locamente difícil dejar de hacerlo. Es como si la manipulación fuera un mecanismo por defecto de los seres humanos. A veces, en conversaciones más serias utilizábamos los cinco tipos de manipuladores para corregirnos el uno al otro. No queríamos que la manipulación formara parte de nuestra relación.

A CONTINUACIÓN ESTÁN LAS CINCO CATEGORÍAS DE manipulación que Betsy y yo identificamos. Ambos somos culpables de todas ellas, pero trabajamos para mantenerlas a raya.

El que anota la puntuación

SIEMPRE QUE ALGUIEN COMIENZA A ANOTAR LA puntuación en una relación, la relación comienza a morir. Quien anota los puntos hace que la vida parezca una competencia, solamente que no hay modo de ganar. Quienes anotan los puntos tienen el control del marcador, y lo estructuran como quieren, pero siempre de manera que son ellos quienes ganan.

Estoy de acuerdo con Harriet Braiker cuando ella dice que los manipuladores ven el mundo como un juego en el que unos tienen que perder para que otros ganen. Lo que quiere decir con eso es que un manipulador no cree que haya una situación en la que todos ganan. Si otra persona gana, significa que ellos pierden, y no tienen intención alguna de perder. Quienes anotan los puntos tienen en récord cualquier favor que uno les deba, y reclaman esos favores cuando quieren controlarte. Quienes anotan los puntos reclamarán sus favores diciendo que no les debes nada, como cuando dicen: "No me debes nada por esa vez que te dejé en el aeropuerto, pero la semana próxima salgo de viaje, y…".

> EN LAS RELACIONES VERDADERAS E ÍNTIMAS, LAS PERSONAS NO ANOTAN PUNTUACIONES.

Como escritor, todo el tiempo oigo la frase: "Compré ejemplares de su libro para todas mis amistades, así que podría usted asistir a mi próximo grupo de lectura…". Si no hubieran expresado la petición como si fuera un regateo, puede que yo hubiera ido, pero sé que si cedo a que me anoten los puntos, estaré entrando en la zona poco iluminada donde tendré que someterme a las normas de algún juego creado. En las relaciones verdaderas e íntimas, las personas no anotan puntuaciones.

El juez

RECUERDO QUE ESTABA EN UNA CENA CON UNA AMIGA hace muchos años. Aún no había conocido a su familia, y solo nos estábamos conociendo el uno al otro. No había pasado más de media hora cuando ella dijo algo peculiar. Dijo: "Puede que llegue un día en que conozcas a mi madre. Solo quiero que sepas que creo que ella tiene razón en la mayoría de las cosas, y aborrecería que tú estuvieras en desacuerdo con ella".

Yo dije: "Estoy seguro de que ella es una mujer sabia y realmente estupenda, y ¿quién sabe si estaremos de acuerdo en las cosas o no? El tiempo lo dirá".

En ese punto, ella comenzó a llorar. Se secó los ojos y dijo: "No lo entiendes. No quiero que estés en desacuerdo con ella".

Más adelante, cuando conocí a su madre, me di cuenta de que ella controlaba a las personas al juzgarlas. Desde una edad temprana, mi amiga aprendió que su seguridad, su comida, su cobijo e incluso el amor que recibía dependían de una sola cosa: mamá siempre tiene razón. Y ella simplemente no podía llegar a estar cerca de nadie que amenazara esa seguridad.

Una personalidad de juez cree con firmeza en lo correcto y lo incorrecto, lo cual es estupendo, pero también cree que él o ella es el único que decide lo que está bien y lo que está mal, y es quien domina sobre otros para mantener la autoridad y el poder. El bien y el mal son menos un código moral y más una correa con la que atan a los demás para poder conducirlos.

Cuando una personalidad de juez es religiosa, utilizará la Biblia para obtener el control de otros. La Biblia se convierte en un libro de normas que utilizan para demostrar que tienen razón, en lugar de ser un libro que presenta a Dios a las personas.

A las personas sanas y normales no les gusta estar equivocadas, pero están dispuestas a admitirlo cuando lo están. Quienes son manipuladores representando el papel de juez tienen un problema al explicar cualquier tipo de error concreto que hayan cometido. Lo cierto es que no creen que estén equivocados. Estar equivocado es ceder el control, y los manipuladores no ceden el control.

La realidad, sin embargo, es que no se puede tener una relación íntima y verdadera con personas a las que controlas. El control se trata de temor. La intimidad se trata de riesgo.

El falso héroe

EL FALSO HÉROE MANIPULA LLEVANDO A LAS PERSONAS A creer que él o ella tienen algo mejor que ofrecer que los demás. Esto me resulta difícil, porque es mi forma de manipulación.

Conozco al menos a tres muchachas de las que fui novio y con las que hablé de matrimonio y de hijos mucho antes de estar seguro de que ella era la persona con quien yo quería casarme. Representar el papel de falso héroe era mi manera de obtener seguridad antes de que mi seguridad real pudiera quedar establecida, y lo hacía a expensas de otros.

Cuando Betsy y yo comenzamos a ir en serio, le expliqué que esta es una de las maneras en que yo manipulo. Desde luego, hay un lado bueno en la personalidad de falso héroe. A mí me encanta hablar sobre el futuro, me encanta soñar, construir, y dirigirme hacia un lugar concreto en el horizonte. Pero el lado oscuro de la personalidad visionaria es que puede conducir a las personas a creer que tienen un futuro cuando podría no ser posible, o realista, poner en práctica esa visión.

Podrías estar tratando con un falso héroe cuando el futuro que esa persona está describiendo parece demasiado bueno para ser verdad. Si yo pudiera regresar en el tiempo y sentarme con algunos de los empleados que tuve o con muchachas de las que fui novio, susurraría a su oído que se mantuvieran alejados de mí.

El traficante de miedo

HACE ALGUNOS VERANOS VISITÉ UGANDA, Y MIENTRAS estaba allí me reuní con miembros de la judicatura que estaban formando una nueva constitución y una nueva democracia. Aún seguían recuperándose del gobierno de alguien que infundía miedo, quizá el manipulador más mortal y peligroso. Idi Amin Dada gobernó el país durante casi una década, cometiendo la exterminación extrajudicial de los enemigos políticos. Se calcula que bajo el gobierno de Amin, fueron asesinados entre cien mil y quinientos mil ugandeses.

Quienes infunden miedo gobiernan haciendo que las personas sufran las consecuencias de la insubordinación. El lema del que infunde miedo es este: si no te sometes a mí, haré que tu vida sea un infierno.

> QUIENES INFUNDEN MIEDO SON TOTALMENTE INCAPACES DE VULNERABILIDAD Y, COMO TALES, INCAPACES DE INTIMIDAD.

Quienes infunden miedo manipulan haciendo creer a las personas que son fuertes. Nunca son vulnerables, y temen ser percibidos como débiles. Quienes infunden miedo son totalmente incapaces de vulnerabilidad y, como tales, incapaces de intimidad.

No hace mucho tiempo vi un documental sobre la actual crisis que afecta a la Iglesia Católica. Cientos de sacerdotes en todo el mundo han sido acusados e incluso hallados culpables de abusar de muchachos jóvenes. Muchos psicólogos creen que esos abusos tienen poco que ver con la homosexualidad y que, en cambio, están basados en una necesidad que tienen ciertos tipos de personalidad de dominar a otros. Según algunos psicólogos, estos sacerdotes concretos y acosadores abusan de los muchachos para establecer su dominio y para obtener seguridad al dominar al débil, incluso sexualmente.

Sabes que estás con alguien que infunde miedo cuando esa persona enfatiza en exceso el concepto de lealtad. Ciertamente, la lealtad es una virtud, pero lo que alguien que infunde miedo denomina lealtad podría describirse mejor como sumisión completa y total. Quienes infunden miedo se rodean solamente de personas dispuestas a someterse. A cambio de su sumisión, los que infunden miedo ofrecen fortaleza y protección, lo cual, para muchos, es una seguridad que están dispuestos a intercambiar a cambio de su libertad. Encuentra a alguien que infunde miedo, y fácilmente encontrarás a un equipo de personalidades temerosas y sumisas haciendo su voluntad.

Recuerdo que cuando yo era niño, nuestra pequeña iglesia trajo a un nuevo pastor, un hombre temeroso con voz resonante a quien le encantaba predicar sobre la ira de Dios y la amenaza del infierno. Su primer sermón se titulaba "Nombra a aquellos en quienes confías y confía en quienes nombras". Era su modo de decir: "Nunca cuestionen o desafíen mi autoridad". Durante los cinco años siguientes, él destruyó nuestra comunidad. Se libró de todos los ancianos y después de todo el equipo de trabajo. El anciano que quedaba y que le cuestionaba fue castigado públicamente hasta que cometió suicidio. En el vestíbulo, el nuevo pastor ponía listas de miembros que diezmaban y que no diezmaban, para que todo el mundo pudiera ver quién estaba dando dinero a la iglesia. Su esposa era una mujer conservadora, y sus hijos estaban desesperanzados. Finalmente, le pidieron que se fuera. Más adelante, él comenzó una en organización que intentaba unir a cristianos para apoderarse del gobierno. Su familia estaba desmoronada, pero nada podía detenerlo. En la actualidad continúa causando estragos.

Cuando tienes temor a estar en desacuerdo con alguien o a desafiar su autoridad, probablemente estás en la presencia de alguien que infunde miedo.

El teatrero

¿HAS VISTO ALGUNA VEZ UN PARTIDO DE FÚTBOL EN EL que los jugadores se caen de manera exagerada para ganarse una tarjeta amarilla? ¿O has visto un partido de la NBA en la que apenas tocan a un jugador, pero se desliza por el piso como si le hubiera golpeado un vehículo? Si lo has visto, has visto a un teatrero en acción.

Un teatrero es alguien que dramatiza en exceso su victimismo a fin de obtener apoyo y atención.

Los teatreros asumen el rol de víctima siempre que pueden. Esta es una forma de manipulación poderosa y destructiva. Para ser una víctima, la persona necesita un opresor. Si comienzas una relación con un teatrero, tarde o temprano ese opresor serás tú.

Hacer teatro puede sonar bastante inocente, pero no lo es. Las personas que salen perdiendo debido a los teatreros son víctimas legítimas. Hay personas en este mundo de las que se aprovechan cada día, y los teatreros les roban recursos necesarios fingiendo heridas emocionales para obtener el control de las personas que les rodean. El lema interno de un teatrero dice algo parecido a esto: si las personas me dañan, me deben algo, y puedo reclamárselo para obtener lo que quiero.

Las falsas víctimas son, ellas mismas, opresores pasivos. Buscan el control haciéndote sentir culpable por lo que has hecho. No quieren reconciliarse, quieren el control. Y una vez más, eso toma una atención necesaria quitándosela a personas que realmente sufren y están desesperanzadas.

> LAS FALSAS VÍCTIMAS SON, ELLAS MISMAS, OPRESORES PASIVOS.

Una verdadera víctima es alguien que no tiene modo de salir y que no tiene el control. Un teatrero tiene muchas maneras de salir de sus circunstancias, pero decide quedarse por el poder que le aportan. Si regularmente te sientes responsable del dolor de otra persona, pero no puedes detectar cómo lo causaste, es probable que tengas una relación con un teatrero.

ESTARÍA MINTIENDO SI TE HICIERA CREER QUE YO ERA antes un manipulador y que logré dejar de hacerlo. La realidad es que tuve ayuda. He estado en tantas relaciones malas que finalmente tuve que enfrentarme a la realidad de mis propios problemas.

Pero no fue solo obtener ayuda en *Onsite*. Fueron también personas como Betsy e incluso mi amigo David.

Tanto Betsy como David son personas que dicen la verdad. No hay ni una pizca de artimañas en ninguno de los dos. Es intimidatorio. Nunca he sabido que cualquiera de ellos exagere, haga teatro, intimide, o embellezca una circunstancia más allá de lo que es real y cierto.

Pero aquí está lo otro que ofrecen, y creo que es lo que me ayudó a aprender a ser más veraz. Ellos ofrecen gracia. Estoy hablando del tipo de gracia en la que ellos suponen que yo soy un tipo realmente estupendo que tan solo está intentando arreglar las cosas, y ellos me muestran educadamente el error de mis maneras.

Puedo contar con una mano el número de veces en que me he sentido juzgado por Betsy. Ella tiene esa manera mágica y estratégica de esperar el momento correcto para sacar a la luz uno de mis errores. Y siempre habla de ello de tal manera que sé que quiere que yo sea más fuerte y mejor, y que ambos tengamos una relación mejor. No puedo explicarlo exactamente, pero es casi como un entrenador ayudando a un deportista. El deportista nunca se siente débil; es solo que el entrenador está viendo cosas a las que el deportista está ciego. El entrenador está haciendo más fuerte al deportista.

En este ambiente de gracia, con Betsy y también con David, finalmente pude comenzar a cambiar.

Digo todo eso porque la lista que acabo de darte es peligrosa. Mi viejo yo habría agarrado esa lista y la habría usado como munición en un campo de tiro. Habría estado disparando a manipuladores sacándolos del cielo, anotando sus errores, lo cual me habría hecho ser yo mismo un manipulador incluso mayor.

En la actualidad, cuando detecto a un manipulador no siento crítica en absoluto. Si la persona quiere que hagamos negocios juntos, mantengo mi distancia, pero eso no evita que me caiga bien. Y si resulta que nos acercamos bastante y me he ganado su confianza, y parece que esa persona quiere enmendarse, ocasionalmente he dicho algo. Pero lo digo como un entrenador que habla con un deportista, con todo respeto y admiración. Es difícil ser humano. Es muy difícil. Nadie necesita un juez o alguien que tome nota de sus errores y los trate con prepotencia.

EN EL LIBRO *SAFE PEOPLE*, HENRY CLOUD Y JOHN Townsend definen qué es una persona segura. Ellos dicen que es alguien que dice la verdad en gracia. Me gusta eso. Y la única esperanza que tenía un manipulador como yo de llegar a ser una persona segura era rodearme de personas seguras.

10

Lucy en la cocina

BETSY Y YO FUIMOS A LOS ÁNGELES EL MES PASADO PARA visitar a mis amigos Marshall y Jamie. Ellos son nuestra segunda pareja de amigos que recientemente fueron padres de gemelos. Los niños nacieron prematuros, así que tuvieron que pasar un mes extra en el hospital. No pesaban mucho más que globos de helio, y por eso las enfermeras los tenían vigilados para asegurarse de que sus pulmones se desarrollaran. "Sucede todo el tiempo con los gemelos", dijo Marshall. "Están aún en desarrollo, pero todas las señales son buenas." Ese día yo tenía tos, así que no pude ver a los bebés. Betsy se frotó las manos en un fregadero gigantesco, y prácticamente tuvo que ponerse un traje de goma solo para poder cargarlos. Cuando salió, dijo que eran tan diminutos y rosados como un hámster, y muy frágiles. Dijo que sus pequeñas boquitas se abrían lo suficiente para dar un grito, pero sus voces se oían débiles y bajitas.

Marsh y Jamie estaban cansados. Los dos son actores en programas de televisión, pero se habían tomado libre la temporada para vivir cerca del hospital. Fuimos juntos caminando hasta un restaurante de tacos, e incluso a pocos metros de sus nuevos bebés sus corazones se sentían dirigidos de nuevo al hospital. Tenían ese aspecto de cansados como si quisieran regresar y tumbarse en una cama con sus bebés, y soñar con el sonido de su respiración.

COMIMOS TACOS PORQUE LOS PADRES TIENEN QUE comer. Hablamos sobre las etapas de la vida, y Jamie se disculpó por verse cansada y bromeaba con Betsy diciendo que ahí se dirigía su vida: hacia tacos, pantalones deportivos, extractores de leche y noches sin dormir. Dijo que toda la belleza de enamorarse y darse tono, flores y paseos por la playa, era un camino dirigido hacia oraciones preocupadas y dormir en el auto fuera del hospital hasta que comenzaran las horas de visitas. Incluso mientras decía todo eso sonreía, como si el sacrificio es lo que hace que la historia sea hermosa. Difícil, pero hermosa.

Tuvimos la conversación normal sobre lo que es convertirse en padres y cómo cambian nuestras percepciones de la vida, y entonces Jamie dijo algo que nunca antes había oído decir a una madre. Ella dijo: "Mira, Don, me he vuelto protectora de lo que las personas les dicen a mis hijos. Es sorprendente cuántas personas hay ya que quieren ponerles nombres".

Yo le dije que no sabía a qué se refería, así que ella se explicó.

"Agarran a mi hijo y dicen algo como: 'Ah, mira, tú vas a ser un poco rebelde. Vas a causar problemas a todo el mundo, ¿no es cierto? Vas a ser dinamita'".

"Bien", dije yo, al haber oído a miles de personas decir ese tipo de cosas a miles de bebés.

Jamie dijo que eso le enfurecía. "Nadie va a etiquetar a mis hijos", dijo. "Ni siquiera han salido del hospital, por llorar fuerte". Jamie dijo que en cuanto alguien hace eso, ella carga al bebé educadamente y cuando esa persona sale de la habitación, ella susurra al niño que no escuche esas palabras, que puede crecer y ser quien quiera ser, y que nadie va a decirle quién es a excepción de Dios.

Marshall estaba de acuerdo. Dijo que antes de tener a los gemelos, pensaba en sí mismo como proveedor y protector, como alguien que era responsable de proteger el mundo físico que rodeaba a las personas a las que amaba. Pero después de tener hijos, se dio cuenta de que eso era el 10 por ciento de la batalla. Lo que realmente tenía que proteger era la identidad de los gemelos. Dijo que había en él algo primitivo que quería interponerse entre sus hijos y el mundo, y luchar contra todas las mentiras.

TODO AQUELLO ME RECORDÓ UNA LECCIÓN QUE APRENDÍ de mi perrita Lucy. Ella es una labrador color chocolate con un corazón tímido.

De hecho, cuando me quedé con ella acababa de leer el libro *Marley and Me* (Marley y Yo), y en ese libro le dicen a John Grogan que cuando vaya a escoger su perro de la camada debería dar un grito para ver qué perros son tímidos y cuáles son valientes. El padre de John dijo que debería escoger al perro que sea más valiente porque ese es el perro alfa, el líder del grupo. John hizo precisamente eso y terminó con Marley, que a la vez que era adorable, se comía también todos los muebles y levantaba la mitad del césped del patio. En cierto punto, John sigue a Marley y mueve sus excrementos para intentar encontrar una pieza de joyería de su esposa.

Después de leer el libro, decidí hacer lo contrario. La mamá de Lucy vivía en una cabaña de madera en la Garganta del río Columbia justamente a los pies de una catarata. Me senté al lado de los cachorros y acaricié las orejas de su mamá. Los cachorros se acercaron a mí, dándome con las patas en mis piernas y mordisqueando los cordones de mis zapatos. Di un pequeño grito y la camada se dispersó, pero ninguno lo hizo con tanta rapidez como Lucy. Se dio media vuelta, me miró, y se orinó. "Ese es mi perro", le dije a la familia dueña de la cabaña.

Nunca lo he lamentado. Ni siquiera hay que disciplinar a Lucy. Puedes tener un pensamiento un poco decepcionado sobre ella, y ella lo siente y gimotea y se apoya en tus rodillas como si quisiera disculparse. Puedo contar con una sola mano las veces en que he tenido siquiera que ponerle al cuello una correa.

Digo esto solamente porque hace unos años permití a una amiga quedarse en mi casa un fin de semana mientras yo estaba de viaje. Ella invitó a algunos amigos a mi casa a una fiesta, y creo que uno de ellos le hizo algo a Lucy.

No lo noté durante unos días, pero una noche cuando estaba preparando la cena me di cuenta de que Lucy no estaba por allí. Ella normalmente se tumba en el piso de la cocina esperando a que caiga algo de comida, pero no estaba en el lugar donde solía ponerse. Fui a la sala y no estaba allí, y tampoco estaba en el salón. Finalmente la encontré en el dormitorio, medio escondida bajo unos cojines y temblando. Me senté a su lado preguntándome qué le habría asustado, pero no parecía haber nada obvio. Tras una hora aproximadamente, regresó a la normalidad hasta la noche siguiente, cuando yo preparaba la cena y ella volvió a esconderse. Después de un rato me di cuenta de que cuando ella oía el ruido de una sartén al sacarla del cajón de debajo de la cocina, salía corriendo al dormitorio y se escondía. Cada noche, yo iba y me sentaba a su lado, le acariciaba las orejas y le hablaba con voz suave, pero el daño ya estaba hecho.

No estoy seguro de qué sucedió, pero lo que probablemente lo explica es que una de las amigas de mi amiga decidió enseñar a Lucy a quedarse fuera de la cocina. Probablemente fue algún truco que aprendió sobre los perros: que si se les asusta, puedes conseguir que hagan lo que uno quiera.

Pero eso me molestó. No me gustó el hecho de que alguien hubiera entrenado a mi perrita, que alguien le hubiera asustado. No me gustaba el hecho de que cada noche ella tuviera que experimentar terror por nada.

Sé que Lucy es tan solo una perrita, pero la experiencia me hizo preguntarme cuántas personas han sido forzadas a temer algo porque otra persona tenía sus planes.

Con un perro, es bastante sencillo. Simplemente puedes asustarlo y sale corriendo a esconderse.

> EL MODO EN QUE LAS PERSONAS MANIPULADORAS ENTRENAN A OTROS ES ATACANDO SU IDENTIDAD.

Con las personas, sin embargo, es más complicado. El modo en que las personas manipuladoras entrenan a otros es atacando su identidad. Hacen sonar las sartenes y ollas de mentiras sobre quiénes son, cuán terribles son, y envían a sus víctimas corriendo al dormitorio, temblando.

COMO ESCRITOR, DE VEZ EN CUANDO RECIBO ESE TIPO DE trato. Varios de mis libros han hablado sobre mi viaje de fe, y cuando uno habla de religión, sin duda se está adentrando en la cocina de alguien.

Me considero a mí mismo un pensador conservador, pero al mismo tiempo un pensador abierto. Las ideas nuevas no me asustan. Las ideas que dan miedo ni siquiera me asustan. Cada pocos años, un teólogo enojado saldrá a despotricar contra mí. Todo es un poco tonto, y tengo la sospecha de que lo que realmente intentan hacer no es solo catalogarme, sino asustarme. Si no estoy de acuerdo con ellos, voy a ir al infierno. Si no estoy de acuerdo con ellos, soy una persona horrible. Y dan bastante miedo. Un teólogo que habló contra mí fue despedido por su seminario debido a problemas relacionados con el enojo.

Algunas personas, sin embargo, le creyeron. Aparecían en una firma de libros y repartían folletos diciendo que yo era parte de un grupo de pensadores que intentaban destruir América. El campamento se convirtió en sitios web, blogs, y grupos de Facebook. De repente, me estaban clasificando junto con teólogos liberales de los que yo nunca había escuchado. Estaban convencidos de que todos éramos amigos, que nos reuníamos en cuevas para cocinar nuestras conspiraciones.

Lo que fue más triste que eso, sin embargo, es que comencé a dudar de quién era yo realmente. ¿Era yo una mala persona? ¿Eran peligrosas mis ideas? ¿Había solamente dos equipos en el mundo, los chicos buenos y los chicos malos, y yo estaba jugando para los malos?

Más que sentirme como una mala persona, la etiqueta hizo que me resultara más difícil conectar con las personas. Conocía a alguien y me preguntaba si la expresión de su mirada significaba que pensaba que yo era una mala persona. Aproximadamente un año o más de eso, y yo quería mantenerme alejado. Me había vuelto como Lucy, corriendo al dormitorio. Todas las tácticas de miedo estaban funcionando. Yo estaba siendo expulsado de la comunidad. Como dije antes, cuando no creemos que somos buenos o dignos de amor, nos aislamos.

TENGO UN AMIGO QUE FUE ATACADO DURANTE MÁS DE UN mes por una personalidad muy conocida de la televisión por cable. Mi amigo escribió un libro alentando a los cristianos a trabajar hacia la justicia social, y el programa de entrevistas lo etiquetó como socialista. Dijo que mi amigo era uno de los enemigos de América, y esencialmente hizo que muchas personas temerosas pensaran que mi amigo era el anticristo. El presentador del programa habló sobre él en el programa durante casi un mes, poniendo su nombre en su lista negra de enemigos.

En medio del fragor de todo aquello, mi amigo me visitó en mi casa y habló de que muy poco de lo que el presentador del programa estaba diciendo era cierto, y lo mucho que estaba afectando a su familia. Seguidores del programa mal informados y enojados estaban escribiéndole amenazas de muerte, y su esposa temía por sus vidas. Mi amigo tomó el camino elevado, sin embargo, respondiendo solamente al presentador con respecto a los temas, citando la Biblia y nunca haciendo que fuera algo personal. El presentador del programa siguió atacándolo, pero él puso la otra mejilla hasta que, finalmente, el presentador lo soltó.

Y no es solo que los conservadores etiqueten a personas para fomentar el drama. Cuando yo estaba en el DC tras Betsy, me encontré en una barbacoa al aire libre en Capitol Hill. Había principalmente amigos de Betsy, así que terminé charlando con un hombre que tampoco conocía a muchas de las personas que estaban en la fiesta. Resultó que era un estratega político demócrata. Hace anuncios para senadores y candidatos a gobernador, esencialmente atacando a sus oponentes. Uno pensaría que él sería un hombre arrogante e incisivo, pero no lo era. Era considerado y amable, e incluso lamentaba un poco lo que hacía para ganarse la vida. Sin duda, él creía que había bien en todo ello, pero mientras más hablábamos, más reconocía yo una sensación de convicción acerca de las tácticas que él empleaba.

"Mi trabajo es asustar muchísimo a las personas mayores en el sur de Florida y convencerlos de que sus beneficios médicos les serán arrebatados", dijo.

"¿Es eso cierto?", pregunté yo.

"Realmente no", respondió con una pizca de remordimiento en sus ojos. "Pero esa no es la peor parte", siguió diciendo. "La peor parte es lo que todos nos hacemos unos a otros. Cuando una campaña llega al nivel nacional, se vuelve despiadada. Por ambos lados. Uno pensaría que esos candidatos son lo bastante grandes para asimilarlo, pero nadie puede asimilarlo. Cada día en alguna televisión, se miente sobre ellos. Su carácter es asesinado. Hay personas que se dan media vuelta y se alejan de ellos en el supermercado. Acercan a sus hijos hacia ellos. He visto a hombres muy poderosos hechos un mar de lágrimas. Lo he visto suceder con mis candidatos, y siento decir que yo he hecho lo mismo a otros".

Charlamos casi durante dos horas. Él habló de que cuando era joven le resultaba casi divertido. Era una guerra. Pero ahora es lo bastante grande para ver el daño que se causa.

Lo más aterrador que me dijo fue lo siguiente: "Don, te sorprendería cuán fácil es convencer al pueblo estadounidense de que un hombre totalmente bueno es un demonio".

Añadiré mi propio comentario a la mezcla: creo que Dios es un fan de que las personas conecten, y creo que el enemigo de Dios es un fan de que las personas se dividan en tribus paranoides. Y creo que todo el ruido de las sartenes y ollas en la cocina para asustar a las personas del territorio que nos sentimos forzados a defender está en las manos de fuerzas oscuras. Creo que gran parte de la metodología religiosa y política basada en la vergüenza tiene más que ver con mantener limitadas a las personas que con liberarlas. Y yo no soy un fan de eso.

LA SEMANA PASADA ESTABA ESCRIBIENDO EN UNA cafetería cuando entró un viejo amigo. No había charlado con él durante casi un año, pero las habladurías no habían cesado. Él había engañado a su esposa y estaba en medio de un divorcio. Peor aún, la mujer con la que le había engañado también estaba casada, así que él se encontraba en las trincheras entre cónyuges enojados con toda razón, y un ejército de abogados.

Se acercó, y yo le di un abrazo. Se sentó y me preguntó si yo lo sabía. Le dije que había oído historias, y él dijo que probablemente eran ciertas. Dijo

MIENTRAS MÁS PROFUNDAMENTE FUNDES TU ALMA CON ALGUIEN, MÁS DAÑO HACES CUANDO TE CONVIERTES EN UNA BOMBA.

que lo lamentaba, y dijo que no sabía cómo iban a terminar las cosas, no sabía si estaba verdaderamente arrepentido, ya no sabía prácticamente nada.

A veces, nuestra identidad queda distorsionada porque las personas mienten sobre nosotros y nos asustan, y otras veces nuestra identidad queda distorsionada debido a cosas que hemos hecho realmente. El resultado es el mismo, sin embargo. Aislamiento. Tribus paranoides.

Mientras mi amigo me contaba partes de la historia, describía la destrucción que se produce cuando traicionas a un corazón. Mientras más profundamente fundes tu alma con alguien, más daño haces cuando te conviertes en una bomba. No muchas personas hablaban con él, y él entendía su enojo. No se estaba haciendo la víctima. Parecía un hombre que no estaba ni orgulloso ni arrepentido, pero sin duda estaba confuso. Contrito, quizá, pero confuso. ¿Y quién de nosotros no ha llegado a eso durante un tiempo después de haberlo arruinado todo?

Yo no sabía qué decir, pero sabía que una guerra se estaba librando en su alma, una guerra por su identidad. Sabía que él se convertiría en Lucy en el dormitorio, o en algún otro perro que muerde la pierna del hombre que hace sonar las sartenes.

Yo solía enojarme con hombres que habían cometido los errores que ha cometido mi amigo. Sus vidas parecían tan oscuras e incluso malvadas que quería distanciarme de ellos. Me sentí así hacia esos hombres hasta que un conocido cometió un error similar y fue excluido, y en la misma época en que todos nos habíamos olvidado de él, salió la noticia sobre su suicidio.

¿Quién era yo para juzgar? Cuando mi amigo Bob llamó para alentarme debido a los errores relacionales que yo había cometido, no lo hizo para condenarme. Ya había mucho de eso en mi vida. Bob llamó para ser un rayo de luz en mi cuarto oscuro, algo hacia lo cual gatear. Por lo tanto, le dije a mi amigo algo que Bob me había dicho a mí.

"No estoy seguro de lo que has hecho", le dije a mi amigo. "Y sé que algunas personas te aborrecen, pero creo que eres bueno en las relaciones".

Mi amigo me miró con expresión de confusión. Se rió un poco, después dio un suspiro y entonces se le llenaron los ojos de lágrimas. "Es cierto que se te dan mal las relaciones", dije, "pero también es cierto que se te dan bien. Ambas cosas son ciertas, viejo amigo." Le recordé todas las personas que le amaban y todas las personas a las que él amaba. Le dije que creía que era injusto que un hombre fuera juzgado por lo que ocurre en un momento, en un periodo. Todos somos más complicados que eso.

Sin duda, mi amigo tendrá que enfrentarse a las consecuencias de sus acciones, y esas consecuencias serán graves. Él está siendo podado, por así decirlo. Sus ramas están siendo cortadas, pero espero que no viva sus fracasos del modo en que lo hacen muchas personas.

> LAS PERSONAS QUE TIENEN LA AUTOESTIMA MÁS SANA SON TAMBIÉN LAS MEJORES EN LA INTIMIDAD.

Es mi esperanza que una poda tan fiera ayude a crear un hombre fuerte y tierno que se entienda a sí mismo, a las personas, y a la naturaleza del amor, mejor de lo que podría haberlo hecho nunca antes de cometer sus errores. Yo creo en esos milagros.

NO SÉ POR QUÉ ES EXACTAMENTE, PERO LAS PERSONAS que tienen la autoestima más sana son también las mejores en la intimidad. No estoy hablando de personas arrogantes; hablo de personas que saben que son buenas y malas a la vez, y sin embargo creen, en el nivel más profundo, que son realmente buenas para las personas.

Es un momento hermoso cuando alguien despierta a esta realidad, cuando entiende que Dios creó a esa persona para que otros pudieran disfrutar de ella, y no tan solo soportarla.

Diría que una de las razones por las que a Betsy se le dan bien las relaciones es, en su mayor parte, que ella cree verdaderamente que es buena para las personas. Y repito que no es arrogancia. Nadie que conozca a Betsy pensaría de ella como una persona orgullosa. Sin embargo, ella sabe que cuando se acerca a alguien, probablemente hará que su vida sea mejor. Podría contar las maneras en que lo hace. Ella me enseñó a sujetar mi lengua. Me ha ayudado a levantar las cejas ante el drama. Me ha ayudado a entender que la vida se trata más de conectar con personas que de competir con ellas. Y no me ha enseñado de modo directo nada de eso. Ella no intenta cambiar a las personas, simplemente sabe que cuando las personas pasan juntas suficiente tiempo, se parecen uno a otro. Dudo que sepa cuánto ella hace que las personas que la rodean sean mejores.

Una de las mejores conversaciones que he tenido nunca con Betsy se produjo cuando le pregunté por qué pensaba que yo era bueno para ella. Llevaba mucho tiempo preguntándome eso, pero nunca saqué el tema. Podría contar las maneras en que ella era buena para mí, pero no sabía por qué yo era bueno para ella.

Íbamos caminando con Lucy cerca del Capitolio cuando se lo pregunté. Ella se rió durante un segundo. "¿Lo dices en serio?", me preguntó. "¿De veras que no lo sabes?".

"No creo que lo sepa", respondí yo.

Me alegro de haber hecho la pregunta finalmente. La respuesta de Betsy me cambió. Ella me ayudó a creer que yo no solo era bueno para las personas, sino que era estupendo. Dijo que yo tenía una manera de no ponerme nervioso cuando las cosas estaban tensas, y que eso aportaba paz a su vida. Dijo que yo amaba la aventura, y que sin mí su vida no sería ni la mitad de emocionante. Dijo que desde que comenzamos a salir, ella había dejado de dudar si era hermosa porque yo le decía cada día que era hermosa. Siguió, y siguió, y siguió hablando de las maneras en que yo le hacía ser una mejor persona.

No mucho después de esa conversación, descubrí que disfrutaba mucho más al estar junto con personas. Mientras que antes soportaba tener que tomar un café con alguien, comencé a disfrutar de compartir un poco de nuestras historias. Entendí que una de las razones por las que había estado tan aislado era porque creía subconscientemente que no era tan bueno para las personas.

Es cierto lo que estoy diciendo. Si nuestra identidad es quebrantada, eso afecta nuestra capacidad para conectar. Y me pregunto si no somos mucho mejores unos para otros de lo que creíamos anteriormente. Sé que no somos perfectos, pero me pregunto cómo hay tantas personas que retienen el amor que podrían dar porque creen secretamente que tienen defectos fatales.

TODO ESTO ME RECUERDA ESA ESCENA EN LA PELÍCULA *Moneyball* (Rompiendo las Reglas) en la que el gerente general de los Oakland A's está batallando con una crisis de identidad. Billy Beane y su amigo Peter reconstruyeron el equipo por completo utilizando un modelo en el que estudiaban estadísticas en lugar de utilizar sus instintos para decidir a qué jugadores sacar al campo. Y el sistema funcionó. Los A's comenzaron lentamente, pero terminaron ganando su división, incluida una racha de victorias de veinte partidos que marcó récord. Billy Beane cambió completamente y para siempre el modo en que los gerentes enfocaban el juego.

Al final, sin embargo, los A's no ganan la Serie Mundial, y Beane se sintió un perdedor. Creía que a menos que fueras el mejor, no eras bueno, y estaba enojado. Le llamaron incluso los Red Sox de Boston y le ofrecieron un contrato de doce millones de dólares para dirigir al equipo, pero eso no fue suficiente para convencerlo de que él era bueno. Finalmente, su amigo Peter lo llamó a la sala de proyecciones y lo sentó allí.

"Quiero que veas algo, Billy."

"No quiero ver películas", dijo Billy.

"Tan solo mira esto", dijo Peter mientras comenzaba un video de un defensa de 240 libras (108 kilos) de los AA Diamondbacks que era conocido no solo como potente golpeador, sino también por ser demasiado lento y estar demasiado asustado para rodear la primera base.

En el video, el joven jugador de béisbol golpea la bola con fuerza, y se siente tan bien que decide que va a intentar tomar la segunda base. Pero la tragedia sucede. Cuando rodea la primera, tropieza y se cae de boca aterrizando sobre su barriga. Su peor pesadilla se había cumplido. Lo intentó y fracasó.

Peter pausó el video, y lo puso una y otra vez para que Billy pudiera ver lo chistoso que se veía el tipo cuando tropezó con la base.

"Ah, qué triste", dijo Billy. "Todos se están riendo de él."

Pero Peter dejó seguir el video y pidió a Billy que siguiera mirando. Cuando la cámara se acercó al jugador caído de boca para asegurarse primero de que estaba bien, el primera base se agachó, diciéndole que se levantara y siguiera corriendo. El hombre levantó la mirada confuso, con el casco casi tapando sus ojos.

"Golpeaste un jonrón", gritó el primera base. "Rebasaste la valla del fondo por sesenta pies (18 metros)".

Billy no dijo nada. Se quedó allí sentado pensando en el video que seguía en la computadora de Peter.

Ni siquiera sabes que has golpeado un jonrón, dio a entender Peter.

Pienso en esa escena de vez en cuando al encontrarme con alguien sobre quien se ha mentido o ha cometido algunos errores, cuya identidad está bajo asedio.

Pienso: ni siquiera lo saben. No saben que aún pueden vivir y amar y conectar. No saben quiénes realmente son, y de lo que son capaces.

No saben cuán sanador podría ser eso para las personas que les rodean. Alguien llegó a ellos y les encerró.

11

El riesgo de ser cuidadoso

PASÉ VEINTE AÑOS EN PORTLAND ANTES DE MUDARME AL DC para seguir a Betsy. Habíamos sido amigos por años, y teníamos seis meses de noviazgo a larga distancia antes de que yo tomara la decisión de seguirla.

Nunca pensé que me iría de Portland, pues amaba esa ciudad. Hay un espíritu de libertad en Portland que no se puede encontrar en muchos otros lugares. Austin tiene un poco, y Boulder lo tiene. Nashville resplandece con él. Tampoco es solamente algo de hippies. Es otra cosa, una sensación de que todos los demás en el país están cercados para comprar solo ciertos tipos de ropa, un par de grabaciones distintas y ver los mismos programas de televisión, mientras que en estas raras ciudades, estos bastiones de libertad, las personas han apagado sus televisores para entender que hay algo más que opciones binarias entre las que escoger. No tenemos que ser conservadores o liberales, ni religiosos o ateos, o estar divididos en esta o aquella categoría. Podemos ser nosotros mismos, un conglomerado de creencias y opiniones con matices.

Todo eso para decir que fue triste decir adiós a Portland. Metí mis pertenencias en un almacén, compré una camioneta Volkswagen, y me dirigí al este durante una extraña tormenta de nieve en Portland. Construí un camastro para Lucy en el asiento del pasajero, la cubrí con una manta que me había regalado mi abuela, y los dos partimos como John Steinbeck en *Travels With Charley* (Viajes con Charley). El plan era pasar un año en el DC y después reubicarme en Nashville con Betsy a mi lado, o eso esperaba.

Tenía que terminar en Nashville porque mi empresa estaba creciendo y toda la plantilla de personal vivía en Nashville, de modo que a pesar de lo que sucediera, allí era donde terminaría.

Ciertamente, sin la esperanza de Nashville, dudo que hubiera sobrevivido al DC.

No es nada que se note al principio, pues es una ciudad hermosa, sin duda. Nunca olvidaré la noche en que Lucy y yo entramos en la ciudad. Llegamos por la Avenida Constitution, con la cúpula del Capitolio resplandeciendo como si fuera una tarta de boda en la distancia. Los museos pasaban al lado de la ventanilla de Lucy como si fueran templos griegos, e incluso ella estaba fascinada por la grandiosidad. El mármol parece resplandecer desde el interior cuando está iluminado del modo correcto, ¿no es cierto? Y al haber estado en la carretera durante semanas, atravesando muchos pueblos pequeños y acampando en muchos parques, confieso que me puse sentimental al recordar que fue ahí donde había comenzado el milagro de América.

Fue maravilloso ver a Betsy, desde luego. Oír su voz, oler su cabello, y recordar que la mitad de la sensación de hogar es por lo general una persona. Conocí a sus compañeras de cuarto, que yo ya sabía que me aprobaban, y sus preguntas iniciales fueron fáciles. Yo tenía un empleo, sí. No estaba viendo a ninguna otra chica, no. Bebía whisky y amaba a Jesús, sí. No vendía hierba desde la camioneta, no.

Esa misma noche, Betsy y yo condujimos la camioneta a diez calles de distancia donde ella había encontrado un apartamento que yo podría alquilar. Era una casa de piedra rojiza dividida en tres unidades. Habían instalado una cocina al lado de una pared de ladrillo en la sala, habían convertido un armario en un espacio para lavandería, y habían puesto una cama contra la pared. Era un espacio pequeño, y sin embargo costaba casi el doble que mi vieja hipoteca. Solo a un par de manzanas del Capitolio, ese era el barrio donde los senadores alquilaban lugares para dormir los pocos días que pasaban en el DC. Había SUV negros en cada esquina, siempre con los motores encendidos, y hombres vestidos de traje mirando por ventanillas tintadas. Había cámaras en las farolas.

Metimos en el apartamento mi ropa, mantas, y cajas de libros, y Betsy y yo nos establecimos en nuestra rutina en el DC. Fueron días estupendos, sin duda. Betsy me llamaba cada mañana antes de irse a trabajar, y cuando colgábamos, yo me daba un baño y realizaba una sesión de escritura antes de sacar a Lucy e ir hasta Ebenezer's, donde me tomaba un café y Lucy hacía sus cosas en el césped frente a la Comisión de Seguridad e Intercambio. Yo montaba una escena al limpiarlo por temor a que los tipos que estaban en el SUV me arrestaran.

En las tardes, después de mi segunda sesión de escritura, llevaba a Lucy al río Potomac, donde ella nadaba para buscar bolas de tenis que yo lanzaba más allá del muelle. Cuando Betsy salía del trabajo, se unía al grupo. Pasamos más días de los que puedo recordar sentados en sillas de campo al lado del río.

PASÓ OTRO MES, SIN EMBARGO, ANTES DE QUE YO LO notara. No era Betsy, exactamente; era la ciudad entera, pero afectaba a Betsy y a mi relación. Por razones que yo no podía entender, era más difícil llegar a conocer a las personas del DC. Lo noté por primera vez cuando hice una broma y en el grupo con el que hablaba comenzaron a mirarse unos a otros para ver si era correcto reírse. Uno de ellos sonrió un poco y cambió de tema como para ayudarme a salir del paso, aunque yo no quería salir airoso, ni lo necesitaba. Toda la situación me recordó mi crianza en un ambiente religioso legalista.

Era algo más que solo las bromas. Era como si las personas tan solo quisieran comer en restaurantes que habían sido aprobados, escuchar música que otras personas pensaban que era popular, o comprensiblemente, expresar una opinión política que fuera atractiva para una demografía amplia.

Y casi no había expresión propia. No había arte en los túneles, ninguna poesía sobre los autobuses, ningún arte local que fuera más arriesgado que pinturas de flores. Y el armario de todo el mundo parecía haber sido robado de la Casa Blanca de los Reagan.

Unos años atrás, yo había trabajado un tiempo en el DC, así que tenía un amigo en la ciudad. Durante el almuerzo, le pregunté por qué las personas en el DC eran tímidas para expresarse. Mi amigo había trabajado en la Casa Blanca y respondió mi pregunta dirigiendo su cabeza hacia la ventana. Yo me giré y vi la cúpula del Capitolio elevándose por encima del césped.

"Piénsalo, Don", me dijo. "Cada día, cincuenta mil personas salen de esos edificios y se meten en tu barrio. Y cada una de ellas trabaja para alguien a quien nunca se le permite expresarse. Esta es una ciudad en la que uno avanza si se ciñe al guión. Te conviertes en quien las personas quieren que seas, o te quedas sin un empleo".

De repente, el DC tenía sentido.

PARA BETSY Y YO, AQUELLO ERA UN TOMA Y DACA. COMO dije antes, si alguien quiere hacer enojar a Betsy, que critique a personas que ella quiere. Ella es muy leal y una pitbull para sus amistades. Se me permitió criticar una vez al DC, y después tuve que suavizar mi lenguaje. La conversación continuada, entonces, pasó de una crítica al DC a los roles que la vulnerabilidad y la expresión propia desempeñan en las relaciones.

Yo tiendo a conectar con más facilidad con dos tipos de personas: quienes están creando algo, y quienes son fácilmente vulnerables. Ambos árboles crecen de la misma raíz, creo yo, y es la disposición a correr riesgos.

Para ser justo, muchas personas dirían que yo pongo demasiado énfasis en la expresión propia. Algunos dirían que la vulnerabilidad es solo otra característica que desarrollé para crear un círculo exterior impresionante en mi personalidad. Y probablemente tendrían razón. Hay veces en que me he revelado a mí mismo en exceso para resultar interesante. Eso funciona para mí, especialmente en los libros. No es que las personas los compren por los dibujos.

La vulnerabilidad me ha hecho un buen servicio. Es una de las pocas maneras en que he sido capaz de conectar con otros, incluidos los lectores. No puedo decir cuántas personas han leído uno de mis libros y han escrito cartas diciendo, esencialmente: *Yo también*. Me dicen que se sentían solos en el mundo hasta que leyeron mi libro. Y en un sentido muy real, esas cartas me hacían sentir también a mí menos solo; después de todo, uno no escribe libros en una comunidad. Todas esas palabras con las que ellos se identificaban tan profundamente, probablemente fueron escritas mientras yo estaba sentado solo y en pantalones cortos.

Pero en el DC, la vulnerabilidad y la expresión propia dejaron de funcionar. Siempre me sentía un poco desaliñado mientras todos los que hablaban conmigo iban tan pulidos como si fueran un presentador de noticias. Yo no dejaba de mirar alrededor buscando cámaras.

Es cierto que las personas pueden ser tan vulnerables como quieran serlo. No hay ninguna manera correcta de ser conocido, pero para mí, no hay ninguna carrera política por la que valga la pena convertirse en un actor. Como podría decir Bill Lokey, de *Onsite*: "¿Cómo conectaremos con las personas a menos que permitamos que nos conozcan?".

EL AÑO PASADO LEÍ UN ARTÍCULO SOBRE UNA ENFERMERA australiana llamada Bronnie Ware, quien pasó la mayor parte de su carrera en cuidado paliativo, atendiendo a pacientes que tenían doce semanas o menos de vida. No es sorprendente que la mayoría de sus pacientes tuvieran alegrías y remordimientos. Bronnie decía que en las últimas semanas de sus vidas, sin embargo, eran capaces de encontrar un nivel mayor de claridad sobre lo que más importaba.

Notablemente, el remordimiento más común de los moribundos era este: desearían haber tenido la valentía de vivir una vida verdadera ante sí mismos, y no la vida que otros esperaban de ellos.

Cuando leí sobre los pacientes de Bronnie, me pregunté cuántas opiniones he querido expresar, pero las retuve por temor a la crítica; cuánto amor he querido mostrar, pero me quedé en silencio por miedo al rechazo; o los poemas e historias que nunca publiqué porque creía que no eran lo bastante buenos para ser publicados.

Es cierto que he sido herido algunas veces tras revelar más de mí. Hay personas que están al acecho de los vulnerables y se lanzan como una manera de sentirse poderosas, pero que Dios las perdone. Yo estoy dispuesto a aceptar el golpe ocasional para encontrar a personas con quienes conectar. Mientras estés dispuesto a poner la otra mejilla con los mezquinos, la vulnerabilidad puede conseguirte multitud de amigos.

¿Puedes imaginar llegar al final de tu vida rodeado de personas que te quisieron, solo para darte cuenta de que nunca llegaron a conocerte del todo? ¿O tener poemas que nunca compartiste o injusticias de las que no dijiste nada? ¿Puedes imaginar entender, entonces, que era demasiado tarde?

¿Cómo podemos ser amados si siempre estamos escondidos?

ENTENDER QUE TENÍA QUE ARRIESGARME A SER CONOCIDO para amar o ser amado por Betsy llegó dando un rodeo. Llegó porque yo confesé a mi amigo psicólogo Bill Lokey que estaba batallando con el bloqueo de escritor.

Ambas cosas no están desconectadas. Tener temor a amar y estar paralizado ante el teclado implican un temor a ser conocido, un temor a cometer errores, un temor a que se muestren nuestras carencias.

Esto es lo que sucedió: escribí mi primer libro en tan solo ocho meses. Fue una experiencia buenísima. Fumaba en pipa, hacía senderismo por las montañas de Oregón, y soñaba con la siguiente escena del libro, y entonces esa misma noche escribía una página tras otra de prosa que estaba convencido de que ganarían un premio Pulitzer. Desde luego que no fue así, pero a mí no me importaba. Me encantaba escribir. Amaba la emoción de transmitir palabras con mis dedos y crear nuevos mundos.

> TENER TEMOR A AMAR Y ESTAR PARALIZADO ANTE EL TECLADO IMPLICAN UN TEMOR A SER CONOCIDO, UN TEMOR A COMETER ERRORES, UN TEMOR A QUE SE MUESTREN NUESTRAS CARENCIAS.

Disfruté también al escribir mi segundo libro. Lo escribí también en ocho meses, y la experiencia fue tan buena como en el primero.

Mientras escribía mi tercer libro, sin embargo, el segundo libro llegó a ser un éxito de ventas. De repente, todo cambió. Personas hacían comentarios en línea sobre lo mucho que les gustaba o que lo aborrecían, y me resultó aterradora la presión de repetir.

Me sentaba ante el teclado con sus críticas en mi cabeza, e incluía tantas advertencias en un capítulo, que las palabras ya no fluían igual. Y peor aún, tenían en mi mente los elogios de las personas, y me aterraba no poder estar a la altura de sus expectativas.

Me tomó más de un año escribir el tercer libro, y me tomó dos el siguiente. Mi quinto libro me tomó casi cuatro años.

Estaba metido en graves problemas. Como dije, fue Bill quien me ayudó a solucionarlos. Le dije que había tenido problemas para escribir, y él me dijo que había observado que mi escritura había cambiado.

"¿A qué te refieres con que ha cambiado?", le pregunté.

"Me refiero a que ahora estás teniendo cuidado", me dijo él.

"Cuidado", repetí en voz alta. La palabra sonaba sospechosamente cierta.

"Cuidado", dijo él. "Me refiero a que he leído muchas cosas tuyas, y lo que solía ser tan divertido de tu escritura es que eras el tipo dispuesto a decir cosas, dispuesto a decir lo que ninguno de nosotros estaba dispuesto a decir. Cosas ciertas, también, pero cosas que la mayoría de nosotros escondemos por temor a ser conocidos".

Dudo que Bill supiera lo mucho que me sirvieron sus palabras, pero así fue. Él tenía razón. Yo había logrado cierto éxito y de repente había algo que perder, y también había una expectativa que cumplir. Era paralizante. De repente, había un riesgo en ser simplemente yo mismo.

Más adelante ese mismo año leí un libro del Dr. Neil Fiore que validó la sospecha de Bill sobre tener demasiado cuidado. El libro se titulaba *The Now Habit* (El Hábito del Ahora), y hablaba de vencer la postergación. El Dr. Fiore sugería que tener éxito en una carrera no es distinto a caminar sobre una cuerda floja. Mientras más éxito logramos, más alta está la cuerda. Cuando ganamos algo, tenemos más que perder. El éxito causa que haya un barranco debajo de nuestra carrera que se hace más mortal, creando cierto tipo de temor a intentarlo. Dijo que el temor a decepcionar a las personas es una de las principales razones por las que las personas postergan.

¿HAY ALGO MÁS TÓXICO QUE EL TEMOR A SER JUZGADO? El juicio de otros hace que nos cerremos y nos escondamos. Evita que seamos nosotros mismos, lo cual evita que conectemos con otras personas.

Leí un artículo en el periódico el mes pasado sobre un hombre que solamente había hablado con una persona en veintisiete años. Vivía en una tienda de campaña en el bosque en Maine, leyendo libros y escuchando un viejo transistor. Aproximadamente una vez al mes se escabullía en la ciudad y asaltaba un restaurante o un centro de retiros para robar comida de la cocina. Finalmente lo agarraron robando latas de frijoles de un campamento infantil. Él dijo a la policía que le había dicho solo una palabra a otra persona en tres décadas, un excursionista que se encontró en el bosque diez años atrás. Aparte de eso, no había hablado con otro ser humano en años.

Yo les hablé a mis amigos del artículo, y ellos se quedaron boquiabiertos. Pero ¿cómo se puede vivir totalmente solo durante tres décadas? Lo extraño es que aunque mis amigos estaban totalmente perplejos, yo lo entendía. Ninguna parte de mí quiere convertirse en ermitaño, pero como dije anteriormente, sinceramente entiendo cómo alguien podría vivir en el bosque de ese modo, totalmente solo, totalmente libre del riesgo de otras personas. Me hizo preguntarme si los meses que había pasado yo solo en la cabaña, escribiendo, estuvieron tan llenos de paz porque, al menos durante un mes, había escapado al estrés constante de preocuparme por lo que otras personas pensaran de mí.

¿HAS CONOCIDO ALGUNA VEZ A ALGUIEN QUE FUERA completamente libre? ¿Alguien que estuviera dispuesto a decir todo lo que pensaba? No estoy hablando de un locutor de radio que ofende a la audiencia buscando atención. Hablo de alguien que no se diera cuenta de que las personas eran críticas, que suponía que los demás le aceptarían tal como era.

Yo sí he conocido a esa persona, y él era fascinante.

Hace años conocí a un hombre que sufrió una lesión cerebral cuando era adulto. Parecía normal hasta que pasabas más de cinco minutos hablando con él. Él caminaba y hablaba con normalidad, pero tras la lesión cerebral se volvió incómodamente claro. Por ejemplo, señalaba si habías subido de peso, pero no de modo crítico, solo porque sentía curiosidad. "¿Afecta tu peso a tu sensación al caminar largas distancias? ¿Tienes menos frío en invierno debido a la capa extra?". Confieso que había veces en que quería ahogarlo; y sin embargo, también lo envidiaba no porque él fuera grosero, sino porque no sabía que era grosero. No tenía ninguna intención maliciosa, solo el extraño rasgo de decir exactamente lo que pensaba.

Después de la lesión, comenzó a vestir más como un artista. Llevaba bonitos pañuelos y ahorraba su dinero para comprarse un buen sombrero, con ala bien redondeada y una pequeña pluma bajo la cinta. Llevaba calcetines de colores vivos y le encantaban las largas conversaciones durante la cena: conversaciones ricas y divertidas que fácilmente podían sustituir al postre. Si había algún momento de calma en el diálogo, te señalaba y decía que era tu turno para hablar. "Ahora tú dices algo interesante."

> SI NOS VAMOS A LA TUMBA CON NUESTROS SENTIMIENTOS AÚN EN NUESTRO INTERIOR, MORIREMOS CON REMORDIMIENTOS.

No puedo decir cuántas conversaciones durante la cena he tenido desde entonces en las que he querido señalar a alguien y decirle que dijera algo interesante. Él era bastante útil para hacer que la conversación siguiera avanzando.

Hablo de mi amigo porque parte de mí se pregunta si él es la única persona que he conocido jamás que vivirá una vida libre de remordimientos. Es como si Bronnie Ware estuviera diciendo: si nos vamos a la tumba con nuestros sentimientos aún en nuestro interior, moriremos con remordimientos.

CUANDO BILL ME DIJO QUE YO ESTABA SIENDO DEMASIADO cuidadoso, regresé a mi viejo yo, el yo que sentía el permiso y la gracia para expresar sus pensamientos y sentimientos. Entendí que para tener una carrera, iba que tener que hacer frente a los seguidores y a los críticos. Es una decisión que todos tenemos que tomar en nuestra vida, porque en algún momento todos nos enfrentaremos al riesgo de ser conocidos.

> EL RIESGO DE SER CONOCIDO ES TAMBIÉN LA DECISIÓN DE SER CRITICADO.

Yo sabía que no sería aceptado completamente. El riesgo de ser conocido es también la decisión de ser criticado por algunos. Hay jueces detrás de cada esquina, pero a mí ya no me importaba. No podía permitirme tener miedo a escribir, y mi alma necesitaba ser conocida y no podía ser conocida si estaba escondida. Yo tenía hambre profesionalmente y personalmente.

Así que escribí. Escribí como si Dios creyera que mi voz importaba. Escribí porque creía que una historia humana era hermosa, sin importar cuán pequeño fuera el humano. Escribí porque no lo hice yo mismo, Dios lo hizo. Y escribí como si Él me hubiera invitado a compartir mi "yo" verdadero con el mundo.

Sentí que yo mismo me hacía un poco más fuerte sobre la cuerda floja. El suelo que había debajo comenzó a hundirse mientras escribía, pero yo seguí escribiendo igualmente sabiendo que todo ello era un espejismo, que no había ninguna cuerda, ningún riesgo, y ninguna muerte por caer. Escribí blogs sobre política, sabiendo que alejaría a algunos de mis lectores. Escribí sobre líderes que sentía que estaban fuera de base, sabiendo que sus seguidores me abofetearían en sus blogs. Como escritor cristiano, escribí no haber asistido a la iglesia en más de cinco años. Escribí mi historia. Di un paso al frente y permití que las personas supieran quién era yo, no como un locutor de radio que ofende a su audiencia, sino en el tipo de riesgo que conlleva conectar realmente con las personas.

DESDE LUEGO QUE FUI JUZGADO. FUI CRITICADO. SITUARTE ahí delante supone que te disparen.

Pero sucedió algo extraño en mi sanidad, algo que iba al lado del trabajo de reflexión que había hecho para llegar a estar sano.

Aprendí a perdonar preventivamente. Cuando estaba en *Onsite*, un miembro del personal explicó que las personas atacan por temor. Para muchos, la vida es un juego de "el rey de la montaña", y cuando te levantas ellos se inclinan a derribarte.

Pero he observado una cosa. Los mayores líderes, los que más impactan el mundo, son capaces en cierto modo de poner la otra mejilla. Es como si creyeran tan firmemente en el amor, tan robustamente en el perdón, que tienen la capacidad de perdonar e incluso amar a quienes les han atacado.

Y a pesar de las críticas, valió la pena el precio. Comencé a conectar con personas mediante blogs y ensayos como no había conectado en años. Por cada persona por la que tuve que poner la otra mejilla, hubo diez que me saludaron con un beso. Todo ello valió la pena.

PARA RECORDARME A MÍ MISMO NO VOLVER NUNCA A tener tanto cuidado, hice una lista de nuevas libertades.

Se parecía a lo siguiente:

Estoy dispuesto a sonar tonto.

Estoy dispuesto a estar equivocado.

Estoy dispuesto a ser apasionado por algo que no se perciba como popular.

Estoy dispuesto a expresar una teoría.

Estoy dispuesto a admitir que tengo miedo.

Estoy dispuesto a contradecir algo que haya dicho antes.

Estoy dispuesto a tener una reacción instintiva, incluso una equivocada.

Estoy dispuesto a disculparme.

Estoy perfectamente dispuesto a ser perfectamente humano.

LO QUE SUCEDIÓ DESPUÉS FUE SORPRENDENTE. MI BLOG triplicó su tráfico y casi terminé un borrador de un libro en solo cuatro meses. Esa es la mayor rapidez con la que había escrito un libro. El bloqueo de escritor se había disipado, y mi carrera no sufría por temor a ser genuino y sincero.

Toda la experiencia me hace preguntarme si el tiempo que pasamos tratando de convertirnos en alguien que las personas amen no está desperdiciado porque la persona más poderosa y más atractiva que podemos ser es quien ya somos, un ser siempre cambiante que está llegando a ser y nunca llegará, pero tiene opiniones sobre lo que se ve a lo largo del viaje.

> LA PERSONA MÁS PODEROSA Y MÁS ATRACTIVA QUE PODEMOS SER ES QUIEN YA SOMOS, UN SER SIEMPRE CAMBIANTE QUE ESTÁ LLEGANDO A SER Y NUNCA LLEGARÁ, PERO TIENE OPINIONES SOBRE LO QUE SE VE A LO LARGO DEL VIAJE.

Estaría mintiendo si dijera que ahora me siento totalmente cómodo siendo yo mismo, pero estoy mejorando. Estoy un poco más cómodo, supongo, y estoy dispuesto a trabajar un año en un libro, en lugar de cuatro. Y lo más importante, estoy dispuesto a entregar realmente lo que escribo en lugar de desecharlo, y eso es una mejora. Los seguidores y los críticos por igual contribuyen ahora a mi trabajo, en lugar de obstaculizarlo.

ME GUSTA LO QUE DIJO UNA VEZ LA BAILARINA MARTHA Graham: que cada uno de nosotros es único y si no existiéramos, algo en el mundo habría quedado perdido. Me pregunto, entonces, por qué somos tan rápidos en conformarnos, y qué ha perdido el mundo debido a que lo somos. William Blake dijo sobre Jesús que era "toda virtud y actuaba desde el impulso, no desde las reglas". Si queremos ser como Él, ¿no debemos hablar, y movernos, y hacer, actuar ante el mundo y tomar nuevo territorio de las fuerzas que obran en contra de nuestro genio y belleza únicos? ¿Y si parte del mensaje de Dios al mundo fueras tú? ¿El tú genuino y real?

MI AMIGO JAMIE SE QUEDÓ ANOCHE CON BETSY Y conmigo. Se quedó las dos últimas noches, en realidad. Jamie dirige una organización sin fines de lucro llamada *To Write Love on Her Arms*. La .org sirve como una voz para los marginados, es una línea de ropa con un corazón.

Recuerdo una noche que me quedé despierto hasta tarde para oír hablar a Jamie en un concierto de rock. La banda le pidió que dijera algo entre sus canciones, y Jamie se levantó en una sala oscura y sudorosa llena de adolescentes, y les dijo que había mucho por lo que vivir, que había canciones, y sueños, y esperanzas que aún tenían que ser creadas. Les recordó que cada uno de ellos había ido al concierto con otra persona, probablemente con un amigo, y juntos podían aferrarse a una esperanza de que en el momento más duro estarían el uno al lado del otro.

Sinceramente, yo no sabía cómo entenderlo. No estaba seguro de si él iba a distribuir flores, o lo que iba a hacer. Tan solo lo dejó ahí y se fue del escenario.

Los jóvenes se reunieron alrededor de él, pidiéndoles autógrafos, y él firmó incómodamente sus camisetas y pósteres.

Han pasado diez años desde que conocí a Jamie. Desde entonces, la banda que él comenzó tuvo muchísimo éxito. Él ha ganado galardones y premios, y apareció en cada programa de televisión que puedas imaginar. Las personas lo adoran. Y juro que él no ha cambiado. Sigue diciendo lo mismo, suavemente, como si fuera de otro planeta: nos necesitamos unos a otros. No hay motivo para juzgar. Las personas somos más frágiles de lo que posiblemente pudieras imaginar.

Ahora considero a Jamie uno de mis mejores amigos. Él es quien me llama cuando digo algo desagradable en línea, y me recuerda que las personas sufren y que se supone que somos más grandes que los juegos darwinianos que nos tientan. Y no solo me llama sobre mi basura, sino que también yo le llamo cuando estoy sufriendo.

Bueno, estábamos sentados en el porche trasero y hacía frío. Betsy estaba en la casa preparándose para irse a la cama. Lucy perseguía una pelota de tenis que Jamie y yo lanzábamos por turnos al césped.

Recuerdo pensar: *Jamie es un misterio para mí*. Él no es que cuente una historia, sino que él es una historia. Pone su corazón en el frente de camisetas y las vende.

A veces, sin embargo, Jamie se pregunta si vale la pena lo que hace. ¿Puede algo tan inmensurable como amor, aceptación, gracia, tolerancia y perdón crear un mundo mejor? Esas no son cosas que se miden en intercambios financieros, sin embargo.

> ACTUAR PUEDE CONSEGUIRNOS EL APLAUSO QUE QUEREMOS, PERO CORRER EL RIESGO DE SER NOSOTROS MISMOS ES EL ÚNICO CAMINO HACIA LA VERDADERA INTIMIDAD.

Entonces, sentados allí lanzando una pelota de tenis, se me ocurrió que el poder de Jamie es él mismo. Sin temor, él dirige su corazón al incisivo mundo como una medida de sacrificio. Sin duda, se lo han roto muchas veces. Él se arriesga diciendo cómo se siente realmente y haciendo frente a las fuerzas de la conformidad, la mayoría de ellas oscuras.

> LA VERDADERA INTIMIDAD, EL INTERCAMBIO DE AFECTO ENTRE DOS PERSONAS QUE NO MIENTEN, ES TRANSFORMADORA.

Desde que conocí a Jamie, he oído incontables historias de personas que sufrían, se sentían solas, confusas, e incluso con pensamientos suicidas, pero que fueron capaces de encontrar un punto de apoyo en las palabras de él. Le aman porque él las aceptó como eran, les dijo que no tenían que representar un papel, y les hizo saber que sus historias contribuían a la belleza.

Sé que tú y yo puede que no estemos formados como Jamie, pero tú estás formado como tú, y yo estoy formado como yo. Mientras más plenamente vivamos como nosotros mismos, más impacto tendremos. Actuar puede conseguirnos el aplauso que queremos, pero correr el riesgo de ser nosotros mismos es el único camino hacia la verdadera intimidad. Y la verdadera intimidad, el intercambio de afecto entre dos personas que no mienten, es transformadora.

LE ESCRIBÍ UNA NOTA A JAMIE LA MAÑANA EN QUE SE FUE. Me senté en la cocina con la casa aún dormida, sabiendo que yo ya me habría ido cuando él se despertara. Me senté en la encimera de la cocina y me pregunté qué decirle a mi amigo. ¿Cómo le dices a alguien que sin él, el mundo sería un lugar más oscuro? Así que oré y pedí un pensamiento.

Lo escribí y lo metí en uno de los zapatos que él dejó al lado de la puerta. Es un pensamiento veraz. Es cierto de Jamie, pero quiero que sea cierto también de ti. Y de hecho, también de mí. No creo que seamos accidentes en el mundo, y no creo que tampoco tengamos que ser actores. Creo que hemos de ser nosotros mismos y que la intención era que fuéramos un milagro.

Jamie,

Cobra ánimo. Tu corazón está escribiendo un poema en el mundo, y se está convirtiendo en mil canciones.

Con mucho amor,

Don

12

Los padres fabulosos hacen bien esto

LO QUE SE NECESITA PARA SER ÍNTIMO ES AUTENTICIDAD, vulnerabilidad, y una creencia en que otras personas son tan buenas y tan malas como lo somos nosotros. Y estoy aprendiendo que estos valores centrales contribuyen a algo más que tan solo historias de amor sano; contribuyen también a que haya familias sanas y a una educación sana de los hijos.

Seré sincero: mi mayor temor es que Betsy y yo tengamos hijos a quienes yo no les caiga bien. Me casé tarde en la vida, de modo que casi en la misma época en que mi hábito de comer galletas Oreo me pase factura, mis hijos estarán en su periodo rebelde. Tengo una pesadilla recurrente con que uno de mis hijos me dirá que fui un padre horrible justamente antes de que me eche la mano al pecho y me dé un síncope.

A Betsy no le gusta nada cuando hablo de ello, pero es un temor válido, creo yo. Se supone que las personas se casan temprano en la vida para que puedan superar las etapas rebeldes de sus hijos mientras aún tienen energías, pero mis hijos llevarán chaquetas de cuero y *piercings* en el ombligo mientras me llevan de un lado a otro en una silla de ruedas.

Estoy tentado a convencer a Betsy de que tengamos gatos en lugar de hijos, pero ella dice que tenemos lo que se necesita, y que podemos hacerlo. Betsy cree que podemos hacer cualquier cosa, y piensa que la mayoría de mis temores son infundados. No intentaré decir "Ya te lo dije" cuando los niños nos aten a la mesa del café y nos utilicen para comenzar una conversación en una de sus fiestas locas.

Si hay algo que me consuela, sin embargo, es el hecho de que tengo algunos amigos que tienen hijos realmente estupendos. Estoy hablando de jóvenes adolescentes y de veintitantos años que aún quieren y respetan a sus padres. Mis amigos John y Terri MacMurray tienen tres hijos que les aman. Uno pensaría que al menos uno de ellos se torcería. Y mis amigos Paul y Kim Young tienen seis hijos, todos adultos ahora, y siguen yendo a la casa y llevando a los nietos, y nadie mancha nada con grafitis. Los hijos de mis amigos Ben y Elaine Pearson se proponen ir a cenar a menudo, y nunca roban los cubiertos. Como ves, yo ya lo veo. Estoy viendo un fotograma de que es posible tener una familia sana, que nuestros hijos, cuando crezcan, podrían no utilizarnos como escudos humanos en una serie de robos a bancos.

SIN EMBARGO, ESTOY OBSERVANDO UNA CARACTERÍSTICA común de las familias sanas. La característica es la siguiente: a los hijos con padres que son honestos acerca de sus defectos parece irles mejor en la vida.

12. Los padres fabulosos hacen bien esto

Me refiero a que los padres y madres que no intentan ser perfectos o fingir que son perfectos tienen hijos que confían más en ellos y los respetan más. Es como si la vulnerabilidad y la apertura actuaran como el terreno que fomenta la seguridad. Y yo diría que es la cualidad que siento con más frecuencia en los hijos de padres y madres honestos y abiertos. Siento seguridad.

Tristemente, también he observado que es cierto lo contrario. He observado que los padres y madres que no admiten sus errores tienen hijos afligidos y emocionalmente inquietos como si quisieran secretamente ser libres de sus familias para poder ser ellos mismos.

> LOS PADRES Y MADRES QUE NO INTENTAN SER PERFECTOS TIENEN HIJOS QUE CONFÍAN MÁS EN ELLOS Y LOS RESPETAN MÁS.

Desde luego, no hay indicador certero de si les irá bien en la vida a los hijos, pues hay demasiadas variables. Pero creo que la vulnerabilidad en la educación de los hijos aumenta la probabilidad de que un niño crecerá y llegará a estar sano y contento en la vida.

Si lo piensas, los padres que son abiertos y honestos con sus hijos crean un ambiente en el cual se permite a los hijos ser humanos. Y tristemente, los padres que ocultan sus defectos crean inconscientemente un ambiente donde los hijos sienten la necesidad de esconderse. Y sentir la necesidad de esconder nuestro verdadero yo del mundo en raras ocasiones es sano.

Algunas de las personas con más problemas que conozco fueron criadas en ambientes fundamentalistas con padres que sentían la necesidad de mostrarse más rectos de lo que eran. No sé si alguna vez he conocido a una persona proveniente de una familia legalista que no batallara. Los ambientes en los que somos alentados a ocultar nuestros errores son tóxicos.

JUSTO DESPUÉS DE QUE BETSY Y YO NOS COMPROMETIMOS, comenzamos a hablar de tener hijos, de cuánto tiempo querríamos estar casados antes de comenzar una familia. A ella le gustaba hablar del tema un poco más que a mí, pero de todos modos lo pensaba. ¿Cómo iba a ser yo un buen padre?

Un día, cuando estaba lanzando una pelota de tenis al Potomac para Lucy, llamé a mi amigo Paul Young. Paul es el hombre que escribió el libro *La Cabaña*. Lo conocí cuando él era gerente de almacén, y vendía ejemplares de su libro desde el maletero de su auto. Desde entonces, ha vendido casi veinte millones de ejemplares y se ha convertido en un fenómeno literario global. Y sin embargo, su personalidad ha cambiado poco. Es sencillamente Paul. Humilde, honesto, brillante Paul.

La razón por la que le llamé, sin embargo, es que Paul tiene una de las mejores familias que he conocido. Ya le he mencionado antes. Él y su esposa, Kim, tienen seis hijos y no creo que haya conocido a una familia más abierta y honesta. Sus hijos son fuertes e independientes y, salvo las luchas humanas cotidianas, son sanos. En el pasado, cuando he cenado con ellos me sorprendió cuán libremente y abiertamente hablaban de cualquier problema que estuvieran teniendo. Es como si su familia fuera un refugio, un lugar donde todos podían ser ellos mismos sin temor a ser juzgados.

"ENTONCES, ¿VAS EN SERIO CON ESTA MUCHACHA?", ME preguntó Paul.

"Sí", confirmé yo. "Ella es especial, Paul. Creo que es la definitiva".

"Bueno, Don. Me alegro por ti. Ya era hora".

Le dije a Paul la razón por la que le llamaba. Le dije que una de las cosas que más temía era no ser un buen papá.

Paul dio un suspiro. Dijo que no veía nada en él que le condujera a creer que yo no sería un buen padre. Pero yo insistí, y le dije que quería conocer el secreto. Quería saber cómo había afrontado él la paternidad, por qué sus hijos los amaban a él y a Kim.

Paul hizo una pausa. "Bueno", dijo finalmente, "no fue fácil. Ahora no somos perfectos, pero estamos mejor. Me siento honrado de que quieras tener una familia como la nuestra".

Paul hizo otra pausa, y después se abrió. Confirmó que, sin duda, la característica fundamental de su familia era la honestidad y la vulnerabilidad. "No hay sombras en nuestra familia", dijo Paul. "No ocultamos nada, pero ese es un lugar donde es difícil llegar. Requiere trabajo y es doloroso".

Paul siguió explicando que años atrás, cuando la mayoría de los niños eran pequeños, él tuvo una aventura emocional adúltera con otra mujer. Lo dijo tan abiertamente y honestamente como un hombre que se confiesa. Había sido un error trágico y se había engañado a sí mismo, pero lo hizo y pagó el precio.

He conocido a muchos autores de éxitos de venta, pero muy pocos de ellos pueden hablar abiertamente sobre sus errores. La mayoría de los autores, especialmente los autores religiosos, sienten la necesidad de afianzar su autoridad moral, ya sea real o percibida, pero Paul explicó que su aventura fue un periodo horrible para su familia, y sin embargo aportó algo a sus vidas que necesitaban desesperadamente: la verdad. Paul dijo que parte de la razón por la que tuvo la aventura en primer lugar es porque la habilidad de supervivencia del engaño se había colado en la relación. Paul y Kim sabían que si su familia iba a sobrevivir, e incluso a prosperar, iban a tener que comenzar a ser dolorosamente sinceros.

Cuatro de los hijos de Paul y Kim eran demasiado pequeños para que les dijera lo que él había hecho cuando se produjo la aventura. Los niños mayores lo sabían, pero Paul esperó algunos años antes de contárselo a los más pequeños. Sin embargo, cuando llegó el momento apropiado, él y dos de los hijos mayores llevaron al tercer hijo a una ruta de senderismo, a un lugar tranquilo, y él confesó lo que había hecho cuando ellos eran pequeños. Dijo que el proceso de confesión fue atroz. Pasaron algunos años más antes de que llegara el momento de decírselo a los más pequeños, pero Kim se sentó con ellos mientras Paul confesaba la verdad que ellos no habían sabido sobre su padre.

"Mira, Don, hay una diferencia entre disculparse y pedir perdón", dijo él. "Una disculpa es una declaración tan informal como una nota de prensa, pero pedir perdón implica dar poder a la persona de la que se busca el perdón. Yo tuve que darles a mis hijos la capacidad de escoger si querían intimidad conmigo o si querían perdonarme. Ese es un momento aterrador y esclarecedor."

"¿Te perdonaron?", pregunté, pensando que aunque fuera doloroso, la autenticidad tendría algún tipo de poder mágico.

"No todos ellos, y no enseguida", dijo él. "Lloré con ellos y me sentí genuinamente terrible, pero cada uno de ellos tuvo que procesarlo a su propio modo. Imagínate descubrir que tu padre ha engañado a tu mamá y que todo el tiempo tú nunca supiste nada mientras que los otros miembros de tu familia conocían toda la historia. Tendrías la sensación de haber estado viviendo una mentira. Fue devastador."

"¿Cómo llegaron tus hijos a estar donde están ahora?", pregunté.

"Cada uno de mis hijos, y también mi esposa, tienen historias diferentes", dijo Paul. "Mi hijo al principio me perdonó enseguida, pero años después cuando su mejor amigo murió en un accidente, comenzó a sentir resentimiento hacia mí porque, en parte, entendió que había un lado oscuro en la vida, y me situó a mí en esa categoría. Comenzó a entender que el mundo podría ser injusto, y que yo también había sido injusto. Tuvimos que trabajar en todo ello una vez más. Yo le pedí perdón otra vez, permitiendo que él lo procesara a su propia manera. El perdón es una cosa curiosa, ya que no es algo claro y simple. Pero con el tiempo, él me perdonó y fuimos capaces de reconstruir la intimidad."

"¿Y los otros?", le pregunté.

"Una de mis hijas es una protectora de los demás y tampoco lo manejó enseguida, y nuestra otra hija fue a quien más difícil le resultó asimilar la noticia. Ella aún era pequeña y estaba preocupada porque si yo había engañado a su mamá, quizá había abusado de ella cuando era demasiado pequeña para poder recordarlo. Pensó que quizá yo era cierto tipo de pervertido. No puedo decir lo doloroso que fue eso para mí. Yo nunca le hice daño, y cuando ella expuso sus temores, lloré."

No podía creer que Paul me estuviera contando todo eso, pero de cierta manera supe que eso es lo que le hace ser especial. De hecho, es lo que le hizo ser poderoso. Estaba comprometido a ser totalmente sincero acerca de quién era. Se había apropiado de ello, no quiso ocultárselo a sus hijos y tampoco quiso ocultármelo a mí. No quería ocultárselo a nadie. Quería conectar.

Paul dio un suspiro. "Le dije que no le había hecho daño cuando era pequeña, pero ella no sabía si creerme. En realidad se mudó de la casa; se fue a la casa de mi hijo en la ciudad. Era Viernes Santo. Mi hijo tuvo que situarse en un lugar difícil y actuar como defensor de su hermana durante un tiempo, y él hizo un trabajo estupendo acercándonos hacia la reconciliación. Al día siguiente, sábado, nos reunimos en su casa y yo pasé el día respondiendo cada una de las preguntas que ella tenía, planteadas dentro de la seguridad de su familia. Estuve allí sentado y respondí. Fue desgarrador. Ocasionalmente me pedían que saliera de la habitación para que la familia pudiera hablar sin estar yo delante", se lamentaba Paul mientras recordaba ese día. Uno podía ver que él seguía aborreciendo lo que había hecho. "Di la vuelta a la manzana en medio de la lluvia, llorando con tanta fuerza que ni siquiera podía ver el suelo, orando y pidiendo ayuda a Dios", dijo.

"Es obvio que ella ya te ha perdonado. Tus hijos están muy unidos", dije.

"Sí, pero hubo un tiempo en que no lo estaban. Aquel día me fui a casa y me sentía completamente agotado y miserable, y mi esposa y mi otra hija decidieron ir a dar un paseo. Apenas habían salido por la puerta cuando ella me llamó. Salí al porche y había un hermoso arco iris por encima del barrio. Un arco perfecto y completo desde un lado de nuestra calle hasta el otro. Realmente creo que fue un regalo de Dios, Don, que Él me estaba diciendo que podía confiar en que Él haría su parte en cuanto a restaurar lo que parecía tan imposiblemente roto. Un par de semanas después, mi hija entró de nuevo por la puerta. Nunca lo olvidaré. Yo estaba sentado en el sofá cuando ella entró, cruzó la sala y me dio un abrazo. Yo la abracé fuerte, y nos quedamos allí sentados llorando. Ella me susurró: 'lo entiendo'. Dios fue bueno conmigo. No me merecía el perdón. Cuando pedí perdón, le di a mi hija el poder, y ella no lo guardó como una manera de hacerme daño. Me lo devolvió. Ella me perdonó."

Entonces, Paul recordó versículos de la Biblia en 1 Juan. Dijo que Juan, al resumir todo lo que había aprendido sobre Dios, dijo esto: *"Dios es luz, y no hay ningunas tinieblas en Él"*.

"Cuando estás con Dios", dijo Paul, "no hay tinieblas, no hay un escondite, no hay fingimiento. Cuando estás con Dios, tienes la libertad y la valentía para ser tú mismo".

NO HAY MUCHAS CONVERSACIONES QUE HAYA TENIDO Y que hayan sido más liberadoras que la que tuve aquel día con Paul. Se trató de algo más que ser un padre o del temor a ser padre. La conversación realmente fue sobre libertad, sobre ser libre para ser humano, honesto y veraz, sin importar cuán oscura sea la verdad. Fue una conversación sobre intimidad, no solo con una familia, sino también conmigo mismo y con Dios.

Aún así, toda la situación la sentía aterradora. En ciertas maneras, la vida realmente se parece a un juego de poker. Está toda esa aceptación, poder y amor en medio de la mesa, y todos sostenemos nuestras cartas cerca de nuestro pecho intentando ganar. Se tiene la sensación de que lo más necio que uno puede hacer sería mostrar sus cartas.

> A MENOS QUE LAS PERSONAS SE SINTIERAN SEGURAS CERCA DE NOSOTROS, NUNCA SE PRODUCIRÍA LA INTIMIDAD.

Pero más avanzado ese año me encontré con otro hombre, otro padre estupendo que parecía sostener la misma verdad: que la salud solo se produce cuando somos capaces de ser conocidos. Y no solo eso, él dijo que teníamos que llegar a ser el tipo de personas con las que otros se sintieran seguros para así poder ser también conocidos. Dijo que a menos que las personas se sintieran seguras cerca de nosotros, nunca se produciría la intimidad.

ME ENCONTRÉ CON ESTE OTRO PAPÁ CUANDO ASISTÍ A UN pequeño retiro en la costa de California con un grupo de escritores y pensadores. Resultó que mi compañero de cuarto fue un hombre llamado Mark Foreman. Los hijos de Mark, Jon y Tim Foreman, dirigen la banda Switchfoot. Yo conocía a Jon desde hacía algún tiempo, pero nunca había conocido a su papá. Jon es una de las personas más sabias que he conocido. Se sube al escenario noche tras noche con miles de personas que gritan su nombre, pero cuando uno se sienta a desayunar con él, está equilibrado. Él escucha más de lo que habla, y su consejo es claro y parece provenir de mil años de sabiduría. Hombres como Jon son un misterio para mí, o al menos hombres como Jon lo eran… antes de conocer al papá de Jon.

Era un retiro diminuto, de modo que Mark y yo compartimos un pequeño dormitorio con dos camas justo al lado de la cocina. Cada noche nos tumbábamos en la cama y hablábamos de lo que habíamos aprendido ese día. Al igual que su hijo, Mark principalmente hacía preguntas, y en lugar de dar consejos, relataba historias de su vida. Yo también le pregunté sobre sus hijos. Le pregunté cómo había criado hijos tan sanos, especialmente hijos que eran capaces de mantenerse equilibrados tras haberse convertido en estrellas del rock.

"Hay mucho tras eso, Don", me dijo Mark. "Estoy orgulloso de mis hijos, y son excepcionales. Si yo he ayudado en algo, estoy contento, pero también creo que sencillamente son personas excepcionales. Verdaderamente, ellos son algunos de mis mejores amigos."

"¿A qué te refieres con amigos?", pregunté. "¿A que confías en ellos?".

"Totalmente", dijo Mark. "Y ellos también confían en mí. Podemos decirnos cualquier cosa el uno al otro. Cualquier cosa."

"¿Cómo pudiste edificar todo eso?", le pregunté. Es una pregunta que estoy aprendiendo a hacer con frecuencia, casi en cualquier lugar donde veo una relación sana.

"Ah", Mark se rió. "No fue fácil, pero fue esta decisión que tomé desde temprano: decidí que no juzgaría a mis hijos. Independientemente de lo que ellos me dijeran, yo no los juzgaría. Quizá tuviera que disciplinarlos, pero no les haría sentir como personas inferiores debido a sus errores. Y a causa de eso, ellos aprendieron a confiarme sus pensamientos más profundos."

"¿De veras?", dije yo, preguntándome sinceramente cuán genuina podría ser una relación entre padres e hijos.

"Sí", afirmó Mark. "No puedo decirte cuántas veces fuimos juntos a hacer surf, sentados en nuestras tablas esperando a que llegara una ola, y uno de mis hijos me contaba lo que estaba sucediendo en su vida y yo tenía que morderme la lengua. Tuve que quedarme allí sentado, mirarlo a los ojos, y escuchar sin gritar: '¿En qué estás pensando?'". Mark comenzó a reír. "Oh, cielos, esos muchachos. Pero yo escuchaba y después les contaba una historia de mi propia vida y compartía cualquier sabiduría que pudiera, e intentaba sacudirme todo eso mientras hacíamos surf."

"Eso es brillante", dije yo.

"Bueno, eso fue cuando ellos ya eran mayores. Les habíamos enseñado lo básico desde temprano. No es que no los disciplináramos, pero mientras más fueron creciendo, más escuchaba yo sin juzgar a medida que ellos descubrían cómo aplicar la sabiduría a sus propias vidas. Y han resultado bien. Estoy orgulloso de ellos. Como dije, son dos de mis mejores amigos. Podemos contarnos cualquier cosa."

LA IDEA DE QUE LA AUTENTICIDAD CONDUCE A RELACIONES profundas y sanas permaneció conmigo durante mucho tiempo. Estoy sinceramente convencido de que es el terreno en el que crece la intimidad. Al investigar la idea, hice una llamada a Bill Lokey.

> LA MITAD DE LA BATALLA HACIA LA SANIDAD DEL ALMA ES ENCONTRAR UN LUGAR SEGURO DONDE LAS PERSONAS PUEDAN DECIR LA VERDAD ACERCA DE QUIÉNES SON.

Bill fue útil. Dijo que la mitad de la batalla hacia la sanidad del alma es encontrar un lugar seguro donde las personas puedan decir la verdad acerca de quiénes son. Dijo que el mejor lugar donde una persona podía aprender eso era dentro de la estructura familiar, incluso desde la niñez. Me envió un artículo del *New York Times* que resumía los descubrimientos de una pareja de psicólogos sobre este tema.

Resultó que Marshall Duke, psicólogo en la Universidad de Emory, buscaba temas comunes de las familias sanas. Su esposa, Sara, psicóloga que trabaja con niños con discapacidades de aprendizaje, observó algo acerca de sus alumnos: "Los que saben mucho sobre sus familias tienden a que les vaya mejor cuando se enfrentan a retos".

El artículo seguía explicando que "mientras más sabían los niños sobre su historia familiar, más fuerte era su sensación de control sobre sus vidas, más alta era su autoestima, y más exitosamente creían que funcionaban sus familias". De hecho, la escala "¿Cuánto conoces sobre tu familia?" resultó ser el mejor indicador de la salud emocional de los niños y de su felicidad.

El Dr. Duke pasaba a explicar, sin embargo, que no era solamente la honestidad sobre la narrativa problemática familiar la que fomentaba la salud del niño. Era realmente lo que él denominaba la narrativa familiar oscilante la que constituía la verdadera historia sobre

> SI LA HONESTIDAD ES LA CLAVE PARA LA INTIMIDAD, NO TENEMOS QUE SER PERFECTOS Y NO TENEMOS QUE FINGIR SER PERFECTOS.

cómo la familia tiene éxito y fracasa, y a la vez se mantiene junta a pesar de todo. "Queridos, déjenme decirles que hemos tenido altibajos en nuestra familia. Construimos un negocio familiar. Su abuelo era una columna de la comunidad. Su madre estaba en la junta directiva del hospital. Pero también tuvimos reveses. Tuvieron un tío que fue arrestado en una ocasión. Se nos quemó una casa. Su padre perdió un empleo. Pero independientemente de lo que sucedió, siempre nos mantuvimos juntos como familia".

Mientras leía el artículo, me dio esperanza. Si criar hijos sanos implica decir la verdad acerca de la narrativa familiar, eso era algo que yo podía hacer. Sería necesario algo de práctica y mucha valentía, pero podría hacerlo. Tuve una sensación de alivio. Si la honestidad es la clave para la intimidad, significa que no tenemos que ser perfectos y, además, no tenemos que fingir ser perfectos.

TODA ESTA CHARLA SOBRE SER GENUINO ME RECUERDA esa escena en la película *El Mago de Oz* en la que Dorothy y el muchacho se encuentran con el mago, una máquina gigantesca que respiraba humo y que controla Oz con una voz profunda e intimidante. Pero el perro Toto descubre a un hombre detrás de la cortina y revela el engaño a todos. El Mago de Oz es solamente un hombre. Es tan solo un hombre que finge ser alguien mejor de lo que es. Y en cierto modo uno siente compasión por él. Después de todo, tiene que mantener unido a Oz, ¿y qué mejor manera de hacerlo que establecer control fingiendo que lo sabes todo y eres perfecto?

> SI VIVIMOS TRAS UNA MÁSCARA, PODEMOS IMPRESIONAR, PERO NO PODEMOS CONECTAR.

Me gusta más la escena siguiente, sin embargo, la escena donde el hombre intenta sinceramente ayudar a todos a regresar a su casa. Sale del armario, ahora es tan solo un hombre, pero sigue teniendo poder, verdadero poder. Tiene el poder de alentarlos, y les recuerda quiénes son realmente. Le da al León una medalla por la valentía y a Espantapájaros un diploma en pensología. El Hombre de Hojalata recibe un reloj para recordarle que un corazón es algo más que un pedazo de carne que late. Ninguna de esas conexiones podría haber sucedido si el Mago se hubiera quedado tras la cortina moviendo palancas. Es cierto: si vivimos tras una máscara, podemos impresionar, pero no podemos conectar.

Esa escena en *El Mago de Oz* me recuerda lo que hizo mi amigo Paul por sus hijos. Él salió de detrás de las cortinas y les dio a sus hijos su corazón, por roto que estuviera. Y por lo tanto, conectaron y la familia comenzó a sanar.

TODO ESO PARA DECIR QUE AHORA TENGO UNA PEQUEÑA esperanza creciendo. Espero que mis hijos crecerán estando menos impresionados conmigo, pero más conectados conmigo. Y espero que mis hijos me aceptarán tal como soy, con todos mis defectos, tal como yo los acepto a ellos.

Supongo que edificar una familia sana es posible. Quizá lo que los niños realmente necesitan es sencillo. Quizá tan solo necesitan a alguien que les muestre que está bien ser humano.

13

La sustancia de una vida significativa

SI BETSY ME PIERDE DEBIDO A ALGO, PROBABLEMENTE será el trabajo. Tal como hice alusión anteriormente, cuando yo era joven creía la mentira de que nadie me amaría a menos que tuviera éxito. Es una creencia fácil a la que suscribirse al criarse en América. Y aunque no tengo nada en contra del éxito y sigo disfrutando perseguirlo, la necesidad de éxito podría fácilmente haber descarrilado mi oportunidad de verdadera intimidad.

Había muchas razones por las que no me casé cuando tenía treinta y tantos años, pero una de ellas es que no quería soltar mi necesidad de acumular dinero, validación e influencia. Creía que si tenía esas cosas, nadie querría dejarme; sin embargo, mi devoción a un calendario de locos hacía imposible tener una relación sana. A fin de tener éxito, me iba a cabañas en islas remotas en el invierno, y me aislaba para escribir un libro. En otras palabras, para conseguir que las personas me amaran, tenía que alejarme por completo de las personas. Estaba viviendo en una paradoja absolutamente poco sana. Y aunque me estaba dando fama, no estaba creando una vida significativa.

Hace algunos años atrás, sin embargo, parte de mi confusión comenzó a cambiar. Empezó cuando escribí una elegía para un hombre que fue como un padre para mí. Él había sido una fuente constante de aliento desde que yo era un niño, pero no entendí cuán influyente había sido él hasta que se fue. Fue necesario su funeral para que yo notara el enorme imperio que él había estado construyendo sutilmente al entregar su vida diariamente.

Su nombre era David Gentiles, y era pastor en mi iglesia cuando yo era pequeño. Mi mamá solía obligarme a ir, y me alegro. Como dije antes, yo era un niño gordito, y David fue uno de los pocos adultos en mi vida que se fijó en mí.

En la secundaria, David me invitó a asistir a un grupo literario en su casa. Nos juntábamos temprano en la mañana y estudiábamos una pieza clásica de literatura. Yo quería caer bien al grupo, de modo que durante la semana leía y tomaba notas, y llegaba preparado. Fue David quien me dijo por primera vez que se me daban bien las palabras, e incluso me invitó a escribir para el periódico del instituto. Dudo que hubiera comenzado a escribir sin su aliento.

David murió en un trágico accidente. No creemos que nuestros padres realmente morirán, ¿no es cierto? Quienes declaran amor a nuestras vidas tienen algo eterno en ellos. Quizá el amor que compartieron fue la parte de Dios de ellos, y nosotros reconocemos intuitivamente el amor como eso que conquista la muerte. No lo sé. Sin embargo, yo no había entendido que él había sido una gran red de seguridad, o el espacio tan grande que ocupan en nuestras almas aquellos que creen en nosotros incondicionalmente.

Yo vivía en Portland cuando recibí la noticia, de modo que compré inmediatamente un pasaje de avión. Quería llegar temprano a Austin para reunirme con las hijas de David y las personas a las que había servido como pastor asistente. David se había divorciado años antes, y desde entonces había escogido vivir sencillamente. Aunque lo habían buscado para que ocupara posiciones de influencia en iglesias grandes, él decidió en cambio ministrar a una iglesia diminuta. En algunos aspectos, David vivió su carrera en reversa. Su talento creció, pero cada vez que tenía la oportunidad de avanzar por la escalera de la carrera profesional, bajaba los peldaños a propósito. Es algo que nunca entendí. Las iglesias en las que ministraba eran cada vez más pequeñas, y las posiciones que aceptaba eran cada vez menos glamorosas.

EN TEXAS, SER UN MINISTRO PUEDE CONVERTIRSE EN SER una estrella del rock. Pastores de iglesias grandes obtienen importantes contratos de libros, sus fotografías aparecen en carteles, y son escogidos para aconsejar a presidentes y aparecer en programas matutinos de entrevistas. Cuando volé a Texas, me pregunté por qué David nunca siguió esa ruta. Él era un comunicador fantástico, un escritor estupendo, y tenía más encanto y personalidad que la mayoría de las personas que ascienden hasta la fama.

Me gustaría decir que tenía en más alta estima a David por su decisión de mantener una vida sencilla, pero no era así. Yo quería que el mundo lo conociera, y no solamente algunas personas y yo que nos habíamos criado en uno de sus grupos de jóvenes.

Cuando llegué a Austin, me invitaron a reunirme con el equipo de trabajo en su iglesia mientras se preparaban para su funeral. Hablamos sobre sus finanzas y que la iglesia podría ocuparse de sus hijas, y me sorprendió descubrir que David murió teniendo muy poco dinero y pocas posesiones. De hecho, había estado alquilando una casa durante los últimos años, donde ofrecía un cuarto gratis a personas que necesitaban un lugar donde quedarse. Conducía una vieja camioneta que no valía mucho, y costaría más vender sus posesiones que regalarlas.

De nuevo, me gustaría poder decir que lo admiraba por su manera de vivir, pero quería que él hubiera tenido un poco más de dinero y un auto que funcionara, y que hubiera disfrutado de los placeres de la vida que merecía un hombre de su talento. Tenía la sensación de haber conocido a un hombre que podría haber logrado un jonrón en cualquier movimiento que pasara a batear, pero ni siquiera intentó hacer la jugada. Cuando él estaba vivo, yo le pedí decenas de veces que escribiera un libro, y él lo comenzaba y después se aburría y perdía el interés. En cambio, había comenzado un programa de recuperación para adictos.

PASÉ EL DÍA ANTERIOR AL FUNERAL DE DAVID EN UNA habitación de un hotel, preparándome para la elegía. No creo haber llorado tanto antes o desde entonces. Mientras pensaba en él, me di cuenta de que lo que había abandonado el mundo era una profundidad de bondad que pocos de nosotros habíamos experimentado en un amigo. Lo que se había ido del mundo era un hombre tranquilo y modesto que creía que el amor importaba más que la gloria personal. Y yo sabía que, al menos para mí, él había demostrado tener razón. Si él hubiera impresionado más, yo no habría sentido ni la mitad del dolor por su fallecimiento. Fue su amor por mí lo que creó el abismo y el dolor.

Era una lucha pensar sobre David y comparar su vida con la mía. Había más personas que conocían mi nombre, pero muchas más personas lo conocían a él. Me pregunté qué era mejor: ¿tener todas las cosas que pensamos que harán que las personas nos amen, o tener el amor mismo? David tenía amor.

Lo asombroso, sin embargo, fue lo que sucedió después. La pequeña iglesia donde él era pastor no pudo albergar al número de personas que querían asistir al servicio, de modo que trasladaron el funeral de David a un estadio de béisbol en las afueras de la ciudad. Cuando llegué allí, camionetas de noticieros estaban en el estacionamiento con largas antenas que se elevaban sobre la multitud reunida. El estacionamiento estaba lleno, de modo que las personas estacionaban a lo largo de la calle para llegar al estadio. Y todo eso por un hombre que murió siendo el pastor asistente de una iglesia que no tenía más de cien miembros.

Me senté cerca del plato con la familia de David, y miré a la multitud. Me sentía pequeño en ese lugar. Me sentía pequeño en mis logros, y sabía, sabía porque era un hecho, que el amor había ganado. Miles de personas habían sido amadas profundamente por un hombre que no buscaba ni fama ni gloria. David no intentaba impresionar a las personas. Simplemente las amaba.

Para mí, la señal segura de que una historia es buena es cómo te hace sentir después. Cuando una audiencia se queda sentada en la sala de cine para ver los créditos al final de la película, la historia fue buena. Es como si nadie quisiera levantarse por respeto a lo que acaban de experimentar. Y si tuviera que poner nombre a la emoción que siento al estar allí sentado viendo los créditos, es gratitud. No solo gratitud por la historia, sino también por la vida misma. Una buena historia te hace ser agradecido por estar vivo porque te recuerda que aunque a veces es dolorosa, la vida es ciertamente hermosa e incluso mágica. El funeral de

David fue así. A pesar de todo lo doloroso que fue para todos nosotros despedirnos, había un sentimiento de gratitud en el aire. Y cuando terminó el servicio, nadie se fue. Nos quedamos sentados, hablando y sintiéndonos agradecidos no solo por David, sino también por lo hermosa que la vida podía ser. Digo esto porque estoy comenzando a preguntarme si ese no es el principal motivo de la vida: estar agradecidos por ella y vivir de tal modo que otros también estén agradecidos por la de ellos.

EL VIAJE DE APRENDER A AMAR, EN LUGAR DE INTENTAR impresionar, estaba influenciando algo más que mi relación con Betsy. Estaba influenciando mi carrera profesional. El cambio de paradigma comenzaba a afectar a mis ambiciones y las cosas que quería hacer con mi vida.

De cierta manera, mi vida se hacía más pequeña. Cuando murió David, y después de que algunas de las cosas rotas en mi identidad comenzaran a sanar, las relaciones se volvieron más importantes.

Yo había pasado la década anterior trabajando solo, pero después de ver lo que David construyó, alquilé una oficina y contraté a un equipo de trabajo. Durante años había estado realizando conferencias, de modo que reuní a un equipo para intentar que aquello creciera. Sinceramente, sin embargo, lo hice para así poder tener a un grupo de personas con quienes estar. Yo quería tener una comunidad.

Mi carrera en la escritura sufrió, no hay duda. Escribir demanda toda tu atención, y es difícil dirigir una empresa y escribir un libro al mismo tiempo, pero no me importaba. Gané menos dinero y perdí cierta influencia, pero las relaciones en la vida estaban comenzando a cambiarme. Y quería más.

13. La sustancia de una vida significativa   177

Un día, mientras asistía a una conferencia de negocios, entendí que aunque los principios sobre eficacia en la gerencia eran útiles, no parecían correctos para mí. No quería que los miembros de mi equipo fueran dientes en una rueda, y yo no quería ser un diente en una rueda. Sin duda, podríamos hacer negocios de un modo diferente.

Por lo tanto, regresé a mi habitación y escribí un manifiesto. Nuestra empresa existiría para ayudar a cumplir los sueños de sus empleados, para retarnos el uno al otro dentro de la comunidad a fin de mejorar nuestro carácter, y hacer eso sirviendo a nuestros clientes con excelencia. También escribí sobre el amor, que no era equivocado que las personas que trabajaban para un negocio se amaran los unos a los otros.

A la mañana siguiente, las ideas me aterraban. Me preguntaba si eran demasiado blandas, si los muchachos perderían respeto por mí si les decía lo que estaba pensando. Me preguntaba también sobre mis propios motivos, si estaba jugando a ser el héroe o intentando agradar a las personas. Sin embargo, sabía lo siguiente: yo quería tener algo más que simplemente una empresa. Quería algo diferente. Quería estar en ello por algo más que obtener un beneficio.

La siguiente tarde mostré esos valores fundamentales al equipo de liderazgo, quienes me habían acompañado en la conferencia. Nos sentamos en la sala de una casa que habíamos rentado y los repasamos uno por uno, preguntando por qué no podríamos hacer negocios de un modo distinto. Tendríamos que ganar dinero para que el sistema fuera sostenible, pero el negocio no existiría para hacer dinero, sino que existiría para construir una comunidad sana.

El equipo estaba sentado en silencio. Yo no estaba seguro de cómo estaban afectando los valores fundamentales hasta que alguien habló y dijo que pensaba que eran hermosos. Otro dijo que ese era el empleo con el que siempre había soñado, y otro de ellos dijo que si se corría la voz, habría una fila de solicitantes que daría la vuelta a la manzana, y nos pidió que no lo soltáramos a él si llegaba alguien mejor. Todos nos reímos.

Cuando regresamos a la oficina, nuestro artista gráfico hizo un póster de nuestros valores fundamentales. Creíamos que teníamos la capacidad de hacer que se cumplieran los sueños profesionales de los demás. Creíamos que el trabajo que hacíamos influenciaba a algo más que tan solo nuestros clientes, nos influenciaba también el uno al otro. Creíamos en la gracia por encima de la culpabilidad, y creíamos que cualquiera podía llegar a ser grande si era desafiado dentro del contexto de una comunidad. De repente, éramos algo más que una empresa, éramos una cultura nueva y mejor. Nuestro negocio se había convertido en un frente para levantar fondos para una familia temporal.

El resultado fue predecible, desde luego. La empresa creció de manera exponencial. Todos querían ser la primera persona en llegar a la oficina y la última en irse. Comenzamos a entender que había gozo en servirnos los unos a los otros. Pagamos bien a los miembros de nuestro equipo, pero la realidad es que las personas quieren trabajar por algo más que solamente dinero. Quieren trabajar para construir y sostener una comunidad que aman. A medida que compartimos nuestros sueños personales los unos con los otros, mi trabajo ya no se trataba de que yo alcanzara mis metas, sino de que yo contribuyera a un equipo en el cual todos habíamos entretejido nuestros sueños.

EN LA ÉPOCA EN QUE MURIÓ DAVID, LEÍ EL LIBRO DE VIKTOR Frankl, *Man's Search for Meaning* (El Hombre en Busca de Sentido). Frankl fue un teórico vienés que vivió durante la época de Freud. Lo que los diferenciaba, sin embargo, era que Freud propuso que uno de los deseos principales del hombre era el placer, que él se levantaba cada mañana y buscaba una vida cómoda o gratificante. Frankl contendía con él, diciendo que lo que el hombre realmente quería era una profunda experiencia de sentido. El hombre se despertaba queriendo sentir una sensación de gratitud por la experiencia que estaba teniendo, un sentido de propósito, ambición y pertenencia.

Frankl siguió diciendo que no era el placer lo que la humanidad buscaba, que los hombres solo buscaban placer cuando no podían encontrar sentido. Si un hombre no tiene sentido de significado, argumentaba Frankl, se anestesiará a sí mismo con placer.

Su teoría ya era lo bastante interesante en sí, pero a medida que contribuyó a mi propio viaje hacia la intimidad, él me ayudó a ver que mis ambiciones egoístas, mi deseo de aplausos, nunca funcionarían.

Frankl teorizaba que un sentido de significado era existencial, que era algo que nos atravesaba, no como el reconocimiento de la belleza o un sentimiento de gratitud, y él creía que la vida podía ser estructurada de tal modo que las personas experimentaran sentido. Su receta para experimentar un sentimiento profundo de sentido, por lo tanto, era notablemente pragmática. Él tenía tres recomendaciones:

1. Tener un proyecto en el que trabajar, alguna razón para levantarse de la cama en la mañana, y preferiblemente algo que sirva a otras personas.

2. Tener una perspectiva redentora sobre los retos de la vida. Es decir, cuando sucede algo difícil, reconocer las maneras en que esa dificultad también nos sirve.

3. Compartir la vida con una persona o personas que nos amen incondicionalmente.

Frankl llamaba a este tratamiento logoterapia, o una terapia de sentido. Y sorprendentemente, funcionó. Le pusieron a cargo de la división de salud mental del sistema hospitalario vienés porque habían perdido demasiados pacientes a causa de los suicidios. Cuando Frankl se subió a bordo, tenía a más de treinta mil pacientes suicidas bajo su cuidado. El desafío era fenomenal.

Frankl creó grupos comunitarios para los pacientes, y enseñó a los consejeros a identificar proyectos a los que los pacientes podían contribuir, trabajo serio que el mundo necesitaba y que les daría una razón para levantarse de la cama en la mañana. Frankl también hacía que los pacientes hablaran de las experiencias difíciles que habían tenido, y aunque les permitía lamentarse, también les pedía que enumeraran beneficios que habían salido de su dolor.

El resultado del programa fue transformador. Ninguno de los pacientes cometió suicidio durante el turno de Frankl.

Solo hablo de Viktor Frankl porque, sin saberlo, el legado de David, junto con mi relación con Betsy y la nueva comunidad que estaba construyendo mediante nuestra pequeña empresa, habían sido fundamentales en ayudarme a experimentar un profundo sentido de significado. Yo me estaba convirtiendo cada vez menos en el escritor aislado que buscaba aplauso, y cada vez más en un jugador de equipo que trabajaba en proyectos dentro de una comunidad que apoyaba incondicionalmente. Me había llevado a mí mismo a realizar la logoterapia, y estaba funcionando.

Comencé a experimentar un profundo sentido de significado. No tenía tiempo para ser el hombre triste que estudiaba su propio ombligo. Los muchachos me necesitaban para producir contenido para los clientes y establecer una visión sobre hacia dónde íbamos. Yo tampoco podía ser el novio egoísta. Betsy tenía necesidades reales, y si yo no las satisfacía, su vida no sería tan agradable. Yo era necesario.

NO HACE MUCHO TIEMPO ESTABA LEYENDO UN PASAJE EN la Biblia en el cual Jesús estaba orando por sus discípulos. Su oración fue que ellos se amaran unos a otros, como Él les había enseñado a hacer. Oró que aceptaran la misión de enseñar a otras personas para crear comunidades que se amaran unos a otros, tal como ellos habían experimentado con Él. Cuando leí el pasaje, sin embargo, lo vi de modo diferente. Él no solo los estaba llamando a una vida de sacrificio, sino que los estaba llamando a una vida de significado, incluso el tipo de significado que implicaría sufrimiento. Sufrimiento por una razón redentora casi no es sufrimiento, después de todo.

AL MIRAR ATRÁS, TODO ESO ME AYUDÓ A ENTENDER POR qué David había entregado tanto de sí mismo, por qué su vida había disminuido en validación terrenal al mismo tiempo que había ascendido en la sustancia que realmente importa.

Él había sido impulsado por lo que yo estaba comenzando a experimentar: un profundo sentido de significado.

14

¿Es la intimidad diferente para los hombres?

ESTO ES ALGO QUE OÍ RECIENTEMENTE: "LOS HOMBRES avanzan hacia cualquier cosa que les haga sentirse competentes". En cuanto oí eso, supe que era cierto. Cada hombre que conozco migra hacia algo que le haga sentir poderoso y en control. Si es trabajo, dedica más horas a él; si es deportista, está constantemente en el gimnasio. Solo hablo de esto porque pocos hombres que conozco se sienten competentes en las relaciones íntimas, lo cual podría ser una de las razones de que no se sienten a hablar de cómo les va o no se lleven bien con las personas que aman.

Dicho eso, no creo que los hombres sean tan malos respecto a la intimidad como podríamos pensar. Es solo que nos vemos presionados a tratar la intimidad de maneras que tradicionalmente son más femeninas; específicamente se nos pide que hablemos de ello y compartamos nuestros sentimientos. En realidad no queremos hacer eso. Incluso escribir este libro es difícil para mí, no porque sea un libro particularmente difícil de escribir, sino porque me canso de hablar todo el tiempo sobre mis sentimientos. Siempre que es momento de sentarme y escribir, siento ese mismo agujero vacío en mi estómago que cuando alguien quiere mantener una conversación seria sobre el alma. Puedo ir hasta ahí algunas veces, pero no es un lugar donde quiero vivir.

Cuanto más envejezco, sin embargo, menos mal me siento en cuanto a esto. Entiendo que hay un riesgo en hacer generalizaciones acerca del género, porque Dios sabe que todo ser humano es único, pero creo que es seguro decir que la mayoría de las mujeres conectan con las personas de una manera distinta a la de la mayoría de hombres. Creo que para los hombres la intimidad es diferente, y creo que eso está bien.

> LA MAYORÍA DE LOS HOMBRES SON REALMENTE ESTUPENDOS EN LA INTIMIDAD, PERO HEMOS SIDO LLEVADOS A CREER QUE NO LO SOMOS.

Antes de entender que la intimidad es diferente para Betsy y para mí, me sentía mal acerca del hecho de que yo no siempre quería hablar sobre cosas. Ahora entiendo que yo no soy así, y no se supone que debo ser particularmente bueno en eso, lo cual no es decir que no me siento y hablo de mis sentimientos, pues lo hago y es importante porque esa es una de las maneras en que Betsy conecta. Es solo que yo no merodeo en cuanto a eso sintiendo que es ligeramente poco natural.

Sé que no estoy solo al sentirme incómodo con el tema de la intimidad. La mayoría de los hombres que conozco sienten lo mismo. El problema es que la mayoría de los hombres son realmente estupendos en la intimidad, pero hemos sido llevados a creer que no lo somos. Y estoy convencido de que la confusión nos está costando.

HACE AÑOS, TRABAJÉ EN UN GRUPO DE TRABAJO DEL gobierno que estudiaba la paternidad en familias sanas. Cuando nos reunimos en el DC, supe que una de las principales causas del colapso de la familia americana fue la Revolución Industrial. Cuando los hombres salieron de sus hogares y sus granjas para trabajar en líneas de montaje, desconectaron su sentimiento de valía del bienestar de sus esposas y sus hijos y comenzaron a relacionarla con la eficacia y la productividad en la fabricación. Aunque la Revolución Industrial sirvió al mundo de maneras estupendas, fue también una pequeña tragedia en nuestra evolución social. Criar hijos sanos se convirtió en una tarea femenina. Los alimentos ya no se cultivaban en el huerto, se compraban en una tienda con dinero ganado de la necesaria separación del padre. En unas pocas generaciones, entonces, la intimidad en las relaciones familiares comenzó a ser monopolizada por las mujeres.

En mi opinión, esto ha creado un par de generaciones de hombres en una crisis de identidad. Por muy desesperados que estemos por encontrar y demostrar nuestra valía, los hombres pueden ser tentados a ver la carrera profesional como un camino hacia la masculinidad. Tristemente, los hijos pueden convertirse fácilmente en un confuso obstáculo en el viaje de un hombre por encontrar un sentimiento de poder masculino. Sin embargo, los hombres que conozco y que han creído en esta manera de validar su identidad masculina son con frecuencia poco sanos. Resultan solitarios y desesperados. No puedo decirte cuántos hombres conozco que son, como yo solía ser, novios en serie, que pasan de una mujer a otra y teniendo siempre a tres o cuatro muchachas en la fila, sin pensar nunca en decidir, comprometerse, y satisfacer plenamente a una de ellas, por temor a apartar sus mentes de sus carreras profesionales.

Pero últimamente estoy viendo excepciones. Quizá se deba a que mi relación con Betsy me ha hecho observarlos, pero es cierto. Hay hombres buenos en el mundo.

EL AÑO PASADO CONTRATÉ A UN COACH EJECUTIVO llamado Daniel Harkavy. Mi empresa triplicó su tamaño en dieciocho meses, y necesitaba ayuda para dirigir el crecimiento. Dan dirige una organización llamada Building Champions que proporciona coaches para personas que intentan crear un balance entre trabajo y vida. Para ser sincero, solo lo contraté porque quería volver a triplicar el tamaño de mi empresa. Fue un motivo puramente egoísta, y sabía que Dan podía ayudarme a realizar esa tarea.

La tercera vez que Dan y yo nos reunimos, él me pidió que acompañara después a su hijo y a él a tomar algo. Su hijo acababa de salir de la universidad e intentaba abrirse camino en la industria del cine. Hablamos un rato de películas, de lo difícil que es entrar en la industria, cuando observé que se estaba dando algo notable entre Dan y su hijo. Era algo como aliento, pero era más profundo y más significativo que un tipo de palmadita en la espalda. Dan le estaba diciendo a su hijo quién era él, una y otra vez mientras estábamos en la mesa. Se dirigía a mí y hablaba de cuán talentoso era su hijo, de que era muy valiente. Contaba historias sobre viajes que habían hecho, aventuras que él había tenido, y habilidades que había desarrollado. Y mientras seguimos charlando, Dan mencionó a su esposa, cuán sana era ella y cómo había creado una filosofía de nutrición diez años antes de que ese tema estuviera ahora poniéndose de moda. Me di cuenta sentado allí de que Dan, mientras que era amable y amoroso hacia su familia, también enfocaba su tarea como esposo y padre del modo en que un coach enfoca un equipo. Se me ocurrió entonces lo que Dan estaba haciendo: estaba edificando algo. Estaba edificando algo en los corazones de cada miembro de su familia. Esa perspectiva me resultó atractiva. A mí me gusta construir cosas.

Algo que me sorprendió al trabajar con Dan es que cuando llegó el momento de edificar mi negocio, no comenzamos con un plan de negocio; comenzamos con un plan de futuro. Dan dijo que a menos que yo tuviera relaciones sanas, estaba destinado al fracaso. Dijo que él tenía treinta coaches trabajando con él, y que daban coaching a cientos de ejecutivos que tenían un valor neto de miles de millones de dólares y ni uno solo de ellos, en la historia de su negocio de coaching, podía sostener ningún tipo de éxito si su vida relacional no era sana.

"¿Qué tipo de matrimonio quieres con Betsy?", me preguntó Dan.

"¿A qué te refieres?", dije yo.

"¿Cómo quieres que se vea tu matrimonio?", repitió él.

Yo nunca lo había pensado. Había pasado incontables horas detallando mi plan de negocio, mi estrategia de marca, e incluso mi plan de futuro personal, pero nunca me había sentado a crear una visión para mi relación y la de Betsy. Dan dijo que la próxima vez que nos reuniéramos le gustaría ver una breve descripción de cómo me gustaría que se viera nuestra relación dentro de cinco años.

Todo ello me recordó una conversación que había tenido con mi amigo Al Andrews. Al es consejero y tiene un despacho en Nashville. En una ocasión íbamos conduciendo cuando yo le confesé que la semana anterior había salido con una muchacha con la que probablemente no debería salir. El matrimonio de ella no estaba bien, y se había apoyado demasiado en mí, y confesé que me gustaba. Me gustaba jugar a ser el consejero sabio y amable y, al mismo tiempo, lo sentía como poco sabio e incluso equivocado. Al se quedó sentado y asintió con la cabeza, y no tenía la más mínima expresión de juicio en su rostro. Finalmente, cuando terminé de hablar, él dijo: "Don, todas las relaciones son teleológicas".

Yo le pregunté qué significaba la palabra *teleológica*.

"Significa que van a alguna parte", dijo Al. "Todas las relaciones están vivas, y se mueven, y se convierten en algo. Mi pregunta para ti", dijo Al seriamente, "es: ¿hacia dónde va la relación que has comenzado con esa mujer?".

Yo supe inmediatamente cuál era la respuesta a esa pregunta. No iba hacia ningún lugar bueno. En unos meses, yo sería el esposo subrogado de esa mujer casada, el hombre con quien ella podía hablar, y como hombre, me gustaría convertir eso en algo físico, y entonces yo sería un autor de éxitos de ventas que tenía una aventura fuera del matrimonio. No hay ninguna duda de que hacia eso iba, y en un día de sinceridad yo diría que es ahí donde yo quería que llegara. Le puse fin inmediatamente, y lo último que supe fue que ella y su esposo estaban solucionando las cosas y les iba bien. Yo probablemente habría destruido su matrimonio si no hubiera sido honesto.

Solía tener un entrenador de tenis en la universidad que nos recordaba, cada vez que entrenábamos, que si pasas sin esfuerzo, vas cuesta abajo. Lo que quería decir era que a menos que estuviéramos practicando, íbamos a empeorar. Y creo que algo como eso es cierto también en las relaciones. Creo que podemos caer en patrones de reacción en las relaciones, en lugar de entender que hay cosas que edificamos, y alimentamos, y cultivamos.

Lo que Daniel intentaba hacer al decirme que escribiera una visión para mi matrimonio era que me hiciera responsable de hacia dónde se dirigía. Yo había cometido el error de comportarme por reacción en mi vida relacional. Dejaba que amistades, relaciones de negocios e incluso mi relación con Betsy, tomaran un curso natural, en lugar de guiarlas hacia un lugar sano.

En esa misma época yo asistía a un retiro de negocios. Betsy y yo solo podíamos hablar por teléfono unos minutos cada noche, ya que yo estaba sentado todo el día escuchando conferencias y seminarios. Una noche mientras caminaba por el campo de golf hablando con Betsy por teléfono, poniéndonos al día, noté que había mucha tensión en la voz de Betsy. Ella estaba molesta por algo que normalmente no le molestaría. Incluso diría que estaba un poco enojada conmigo.

Deberías saber que Betsy y yo no somos una pareja dramática. Betsy es una maestra en desarmar tensiones, que es una característica que me servirá el resto de mi vida. A pesar de eso, sin embargo, colgué sin tener ni idea de lo que había hecho mal. Me sentí acusado y no respetado.

Al día siguiente asistí a un taller sobre crear un plan de futuro a noventa días. El líder del taller nos dio un formulario que podíamos llenar y que generaría enfoque en un equipo y pondría a todos en el buen rumbo hacia aumentar la productividad. Me tomó unos tres minutos llenar el formulario para mi negocio, pero entonces tuve una idea. Le pedí otro formulario al líder del taller, y taché la palabra negocio y escribí la palabra matrimonio. Entonces escribí una declaración de visión para nuestro matrimonio. Quería que nuestro matrimonio fuera un matrimonio restaurador, y escribí algunos valores fundamentales según los que podíamos vivir Betsy y yo. Escribí que seríamos una pareja que no hacíamos las cuentas en nuestra relación, refiriéndome a que evitaríamos la tentación de pensar en quién le debe qué al otro. Escribí la meta de crear un hogar adonde las personas pudieran ir y sentirse restauradas, y un lugar donde ella y yo pudiéramos entrar y sentirnos seguros y cómodos, no solo por los muebles, sino porque habíamos sido intencionales con respecto a restaurar lo que el mundo hubiera hecho para derribarnos. Escribí que con el dinero que gastábamos preguntaríamos siempre si lo que estábamos comprando nos ayudaría a restaurarnos el uno al otro o a restaurar a otras personas. Todo en nuestro matrimonio se trataría de restauración.

Hice una fotografía de la hoja y se la envié a Betsy por correo electrónico. Le pedí que me dijera qué pensaba ella, si el plan de matrimonio tenía sentido, y que me dijera qué le gustaría cambiar. No me importaba tanto lo que era el plan, pero sabía lo suficiente sobre la vida para saber que si no hay ningún plan, las probabilidades de éxito son limitadas.

Tras enviarle la imagen por correo, me sentí tonto. Lo único que ella quería era conectar, y ahí estaba yo enviándole un plan de matrimonio como si la relación funcionara como un negocio. Para mi sorpresa, sin embargo, Betsy me respondió de inmediato. Estaba eufórica. Estaba aliviada y agradecida.

Más adelante cuando Betsy y yo hablamos de ello, entendí que no había pensado en todos los temores que Betsy estaba enfrentando desde que nos comprometimos. Ella estaba a punto de dejar el DC para ir a Nueva Orleáns, donde, dos meses después, nos casaríamos. Estaba dejando una comunidad que había pasado ocho años edificando. Estaba dejando su empleo, sus muebles, sus rutinas, su cuenta bancaria, y a sus increíbles compañeras de piso que se habían vuelto tan íntimas como hermanas. Y estaba dejando todo eso ¿a cambio de qué? Lo estaba dejando por un tipo del que se había enamorado, un escritor al que sus amigas habían leído. Ella no tenía idea de cómo sería su nueva vida, no tenía idea de adónde la llevaba yo. Y estaba muerta de miedo.

Yo nunca entraría en mi oficina sin un plan. Como el líder de mi empresa, mi equipo depende de que yo sepa hacia dónde vamos y cuán importante es cada uno de ellos para el viaje. No puedo creer que casi entré en mi matrimonio, que es infinitamente más importante que mi negocio, sin tener un plan.

Lo que sucedió en nuestra relación me recuerda una lección que aprendí cuando tomé un curso para obtener mi licencia de moto. Nuestro instructor decía que, con frecuencia, cuando nos metemos en problemas, la moto regresa a la estabilidad cuando reduces el acelerador y aceleras. Dijo que cuando nos sintamos inestables para agarrar un lugar seguro en la distancia, pisemos el acelerador y dejemos que la moto vuelva a encontrar su equilibrio. Una motocicleta tiene su manera de estabilizarse con el impulso.

> LAS RELACIONES TIENEN SU MANERA DE ESTABILIZARSE CUANDO ESTÁN EN MOVIMIENTO.

Creo que eso era lo que necesitaba mi relación con Betsy. Llegamos a un momento de inestabilidad y tensión, y necesitábamos agarrar un punto en el horizonte y comenzar a movernos hacia él. Me pregunto si lo que podría ayudar a las parejas a construir familias estupendas es agarrar un lugar adonde vaya su familia y entonces pisar el acelerador, trabajar hacia su visión y edificarla. Las relaciones tienen su manera de estabilizarse cuando están en movimiento. Hasta entonces, tan solo parecen un viaje por carretera hacia ninguna parte. Al tenía razón: las relaciones son teleológicas.

EL TIPO DE COMUNIDAD ÍNTIMA QUE LOS HOMBRES AYUDAN a crear en las relaciones había sido modelado para Betsy desde la niñez. Ella es la mayor de siete hermanos, y conexión y comunicación son valores importantes para su familia.

La primera vez que los conocí fue en la cena de Acción de Gracias. Betsy nunca había llevado a un chico a su casa durante las vacaciones, de modo que la familia estaba emocionada. Ella me recibió en el sendero de entrada de la casa y caminamos hasta la parte trasera de la casa, unos pocos acres bien boscosos en la costa norte del Lago Pontchartrain, al otro lado de la larga carretera elevada desde Nueva Orleáns. Todos los hijos ya son mayores: un hermano es piloto en las fuerzas aéreas, sus hermanas más pequeñas son profesionales en una gran empresa de seguros, y sus dos hermanos más pequeños estaban terminando la universidad. Como dije, Betsy es la mayor de siete, y tanto su madre como su padre provienen de familias grandes. Parecía haber personas por todas partes. Personas felices.

Charlamos durante un rato; la conversación, según supe después, fue estrictamente regulada por un reporte que Betsy dio a la familia antes de que yo llegara. No habría charla sobre mis libros, no se hablaría de política, y ninguna pregunta en absoluto sobre mis intenciones, al menos no por ahora. Creo que los muchachos se habían estado burlando. Todo fue perfectamente, sin embargo, y tras un par de horas sacamos mesas plegables del cobertizo trasero y pusimos platos y servilletas para la familia extensa. Llegaron flores desde el jardín para ponerlas en las mesas. Comenzó a sonar el timbre de la puerta, y durante una hora no creo que dejara de sonar. Cuando oramos por los alimentos, más de cincuenta miembros de la familia extensa nos acompañaban, cada uno de ellos con curiosidad sobre el hombre al que Betsy había escogido, cada uno de los hombres recibiendo de sus esposas un pellizco en el costado si preguntaban algo demasiado inquisitivo.

Al provenir de una familia donde había tan pocos hombres, sentía una sensación extraña, pero correcta, al tener hombres en cada mesa, los esposos al lado de sus esposas. Cada niño que gritaba tenía un padre para levantarlo. El abuelo de Betsy ofreció la bendición y su padre trinchó el pavo. Hubo historias sobre caza, armas que fallaban, peces pescados, o barcas que volcaron. Las mujeres parecían hermosas en contraste con la fuerza de los hombres. Cuando terminamos, jugamos voleibol en el patio trasero y fútbol en el frontal. Fueron viejos contra jóvenes y puede que ganaran los jóvenes, pero toda la charla basura la hicieron los mayores, y se les daba bastante bien.

Todo lo que yo había llegado a amar sobre Betsy comenzó a tener sentido. Estaba viendo de dónde provenían su belleza, su paciencia y su sabiduría. Tuvo sentido entonces que cuando experimentábamos tensión, ella hacía comentarios respetuosos y después volvía a sacar el tema cuando el momento era el correcto. Tenía sentido que ella esperara que yo la respetara y protegiera. Tenía sentido que esperara que a mí me importaran las relaciones, la reconciliación y la comunidad intencional. Esa era la tierra en la que ella había crecido.

Yo mismo cavé más profundo en esa tierra cuando finalmente me mudé a Nueva Orleáns antes de la boda. La familia tomó prestado de un amigo un remolque de acampar, y lo pusieron a unos cientos de metros de la casa. Yo viví en ese remolque las seis semanas antes de casarnos, utilizando el baño y bañándome en la casa, pero regresaba cada noche a mi cama, un artilugio de lona que se sacaba y sobresalía desde la escotilla trasera del remolque. Lucy y yo dormíamos allí en la noche, preguntándonos en qué nos habíamos metido. Yo tocaba la lona con mi mano para sentir las gotas de lluvia, y me preguntaba si yo podría construir una familia tan fuerte como la de Betsy.

Lo que aprendí durante aquellas seis semanas sería un fundamento para nuestro matrimonio. El papá de Betsy, Ed, creía en el poder de las relaciones. Había trabajado como vicepresidente en una de las empresas más grandes de la zona antes de comenzar un negocio con base en la casa. Había edificado una exitosa carrera cultivando relaciones y atendiendo a los clientes, pero ninguna de sus relaciones de negocios importaba tanto como la comunidad que realmente le hacía ser fuerte: primero su familia y después sus amigos.

Y ni siquiera he mencionado la mejor parte. La mejor parte es que los padres de Betsy habían adoptado recientemente a una bebé de quince meses de edad. Habían sido sus padres de acogida desde que nació, y tras enamorarse de ella decidieron adoptarla. Sus hijos más pequeños estaban ya en la universidad, y sin embargo decidieron comenzar de nuevo al sentir una conexión con la bebé. No fue una decisión fácil, pero ella había llegado a ser parte de la familia y no podían dejarla ir.

Sinceramente, aprendí más de la nueva bebé que de cualquiera de los otros. Todo se remonta al tema del que hablé al principio, sobre querer intimidad, pero conformarme con el aplauso. Lo vi también en la bebé. Ella no deja de contonearse, de gritar y reír, una bebé que va de unos brazos a otros y siempre agarra la nariz; y no puede soportar estar sola. Debe tener tu atención, y si no puede conseguirla, grita con tanta fuerza que se ganó el apodo de Tetera.

He conocido a personas que, hasta bien entradas en la edad adulta, no pueden soportar no ser el centro de atención. Es como si, igual que la bebé, te agarran la cara, te miran a los ojos y te dicen: Mírame, estoy aquí, ¿me observas, importo, soy digno de tu sacrificio?

Pero en las seis semanas que estuve en la casa de los padres de Betsy comenzamos a observar que la bebé se iba calmando. Los gritos no eran tan fuertes ni tan frecuentes, y ella era capaz de caminar sola hasta el porche explorando su mundo, olvidando durante minutos cada vez que ella no era el centro de atención. El amor era sanador, y ella estaba cambiando debido a eso. Pronto crecería y se convertiría en una niña que no solo podía recibir amor, sino también devolverlo a quienes hacen las mismas preguntas que todos hacemos: ¿Importo algo? ¿Soy digno de tu sacrificio?

No sé si he visto un lugar más sano donde se respondan esas preguntas que el hogar donde Betsy se crió. La casa era una puerta giratoria de hijos que llegaban a casa para el fin de semana y de familia extensa que llegaba de visita. Las relaciones eran tan importantes para su padre, que mientras yo estuve allí él alquiló espacio en un centro de retiros local y llevó a un orador para que diera un curso sobre cómo funcionan las relaciones. Todos los hijos regresaron a casa para el retiro, y unos veinte amigos de la familia también participaron. ¿Quién hace una cosa así? ¿Quién organiza su propio retiro para mejorar las relaciones que tiene con sus amigos y su familia?

Uno pensaría que toda esta charla sobre relaciones crearía un ambiente sentimental y flojo, pero no fue así. En cambio, creó una fortaleza fundamental desde la cual cada miembro de la familia construiría su vida. A los hermanos de Betsy les iba bien; eran personas sanas e influyentes en sus comunidades. La familia estaba funcionando. Hacía lo que se supone que debe hacer una familia: convirtiendo a niños potencialmente descuidados en adultos satisfechos y competentes en las relaciones, capaces de dar a los demás y de crear un mundo mejor.

Desde que descubrí por primera vez cuán notable era Betsy, he sentido cierta responsabilidad. Ya no creo que Dios esté obrando tras bastidores para hacerme poderoso, rico o famoso; en cambio, creo que debo aportar algo a las personas que me rodean y crear un ambiente donde puedan desarrollarse relaciones sanas.

No me importa decir que la intimidad y la familia comencé a sentirlas más como un proyecto que un sentimiento; y mientras más lo veía como un proyecto, algo significativo que construir, más me emocionaba al respecto. Como dije, a los hombres les gusta construir, y crear, y sentir su poder, y si no lo hacen de maneras sanas, por lo general lo hacen de maneras poco sanas. Yo estaba viendo un imperio de relaciones ricas y sanas, y quería construir mi propio imperio.

EN LA NOCHE, DESPUÉS DE ESTAR CON LA FAMILIA, recorría el sendero hasta mi remolque y encendía una hoguera en el hueco que habían cavado bajo el toldo. Lucy se tumbaba al lado del fuego, buscando ardillas o criaturas que se dirigieran al lago para beber. El papá de Betsy salía y se tomaba un vaso de whisky conmigo antes de irse a la cama. Una noche cuando estábamos sentados allí, él hizo un comentario sobre el fuego. Dijo que si tomábamos los troncos del fuego y los separábamos por el campo, se apagarían en una hora. Se quedarían allí fríos.

Dijo que por alguna razón, los troncos se necesitaban unos a otros para arder, para mantenerse calientes.

No creo que se refiriera a otra cosa aparte de charlar sobre el fuego, pero al mirar por el campo hacia la casa, entendí cuán hermoso era lo que él y su esposa habían construido, y lo mucho que habían trabajado para mantener ardiendo el fuego. Yo quería construir un fuego propio como ese.

15

Tú no me completarás

CUANDO ERA NIÑO, RECUERDO VER LA PELÍCULA *JERRY Maguire*. Hay una famosa escena en la película en la que Jerry Maguire le dice a Dorothy Boyd que ella lo completa a él. Esa escena fue muy popular en aquel entonces, y parejas en todas partes se decían eso el uno al otro en cafeterías y bares. Incluso yo creía que era un sentimiento hermoso, pero ahora que soy mayor y más inteligente, tengo un nombre nuevo para eso: codependencia.

Yo no sabía nada sobre codependencia antes de ir a *Onsite*, e incluso después de haber oído su definición, no entendí que yo mismo batallaba con ello, pero así era. Y me había costado una relación tras otra.

La codependencia sucede cuando demasiado de tu sentimiento de validación o de seguridad viene de otra persona. Ahora que sé lo que es, puedo detectarlo con bastante facilidad. Si alguien se obsesiona por si le cae bien a otra persona, o si le devuelve un mensaje de correo, o cualquier otra cosa, es un síntoma de codependencia, aunque sea leve. El acoso sería una versión más aterradora de la misma tendencia.

Tengo un buen amigo que es adicto al amor. Pasa de una muchacha a otra arruinando relaciones al sofocarlas. Lo que él no entiende es que ninguna cantidad de amor que ninguna de esas muchachas devuelve va a sanar el hueco que hay en su corazón.

En *Onsite*, la terapeuta de nuestro grupo creó un estupendo ejemplo visual de cómo se ve una relación sana. Puso tres almohadas sobre el piso y pidió a dos de nosotros que nos pusiéramos de pie sobre las almohadas. Nos dijo que dejáramos abierta la almohada del centro. Señaló a mi almohada y dijo: "Don, esa es tu almohada, esa es tu vida. La única persona que se pone de pie sobre esa almohada eres tú. Nadie más. Ese es tu territorio, tu alma". Entonces señaló a la almohada de mi amiga y le dijo que esa era su almohada, que ella era su dueña y que era su alma.

Entonces, la terapeuta dijo que la almohada del centro simbolizaba la relación. Dijo que los dos podíamos pasar a la almohada del centro cuando quisiéramos porque habíamos acordado tener una relación. Sin embargo, dijo que en ningún momento es adecuado pasar a la almohada de la otra persona. Lo que sucede en el alma de la otra persona no es cosa tuya, y lo único de lo que eres responsable es tu alma y no la de nadie. Con respecto a la almohada del centro, la pregunta que hay que hacer es: "¿Qué quiero yo en una relación?". Si la almohada donde están los dos juntos funciona, estupendo. Si no, debes avanzar o simplemente explicar lo que te gustaría sentir en la almohada del centro, y ver si la otra persona quiere también ese tipo de relación. Y dijo que nunca intentemos cambiarnos el uno al otro. Conoce quién eres tú y conoce lo que quieres en una relación, y da a las personas la libertad de ser ellas mismas.

Me gustaría haber oído eso cuando tenía veinte años. No puedo contar cuántas almohadas de otras muchachas he pisoteado intentando hacer que cambiaran, y las noches sin dormir que he pasado preguntándome qué estarían pensando o cuánto les gustaba yo, o si yo era un hombre lo bastante bueno para ellas. Una total pérdida de tiempo.

En cierto momento, mientras trabajábamos con la terapeuta de nuestro grupo, mencioné que si yo hacía tal y tal cosa, la muchacha que estaba viendo pensaría eso o lo otro. Ella detuvo la sesión y me preguntó por qué pasaba tanto tiempo preguntándome lo que pensarían otras personas. "Eso va a volverte loco, Don", me dijo. "Tan solo pregúntate si tú eres feliz y lo que quieres en una relación, y déjalo ahí. Lo que suceda en la mente de otras personas no es cosa tuya."

De repente, me sentí como un fisgón del alma, recorriendo el barrio mirando por las ventanas de las almas de las personas preguntándome lo que estaban haciendo ahí. Y de ese modo, un hábito que yo había desarrollado décadas antes, lo sentí repulsivo.

EN CIERTO MODO, ESA ES LA DIFERENCIA ENTRE MI relación con Betsy y mis relaciones con todas las otras muchachas. Debido a que sé cuál es mi almohada y cuál la de ella, sostengo a Betsy sin apretarla. Si ella quiere irse, puede hacerlo. Yo soy responsable de mi propia salud y felicidad, y soy responsable de pedir lo que quiero en una relación e intentar hacer que la almohada del centro sea cómoda y segura para ella, pero eso es todo. Desde luego que nos pondremos de pie y nos haremos promesas el uno al otro en nuestra boda, pero incluso entonces, incluso con un cónyuge, he llegado a creer que el amor de una persona por ti no puede crecer a menos que sostengas a esa persona sin apretarla.

Y eso es bueno. Contrario a todas las muchachas con las que he salido, nunca me he preguntado dónde estaba Betsy o con quién estaba. Nunca he mirado su teléfono, y nunca he mirado su página de Facebook. Su vida es su vida y la mía es la mía, y lo que tenemos juntos es una relación. Y es estupendo.

No quiero que me malentiendas: amo a Betsy más que a ninguna otra mujer que he conocido nunca, y creo que siempre la amaré. Pero es un amor sano, no el amor necesitado que he experimentado en el pasado. Antes, intentaba controlar a quien amaba para que ella no pudiera alejarse. Mucho de ello era un control pasivo, pero de todos modos estaba ahí. Utilizaba el temor, la culpabilidad y la vergüenza para cerrar mis dedos alrededor del corazón de mi novia, y sin excepción mataba cualquier amor que pudiera haber crecido.

Ahora sé que había dos influencias dominantes que hacían que apretara mi puño. La primera era el hecho de que yo intentaba utilizar a las mujeres para sanar viejas heridas, y la segunda era la falsa suposición de que alguna de esas mujeres podía completarme en un principio.

LA REVELACIÓN DE QUE YO HABÍA UTILIZADO A LAS mujeres para sanar viejas heridas me ayudó a entender de dónde venía la característica de la codependencia. Entendí lo que sucedía cuando leí un libro titulado *Getting the Love You Want* (Conseguir el Amor Que Quieres), por el Dr. Harville Hendrix. Es un libro más clínico de lo que sugiere su título, pero entendí la teoría de Hendrix. Esencialmente, argumenta que a nivel subconsciente somos atraídos a las características negativas de nuestros cuidadores principales. Se refería a que cuando éramos niños teníamos padres, hermanos mayores, abuelos, e incluso quizá maestros con quienes asociábamos nuestras necesidades básicas de supervivencia. En otras palabras, si no agradábamos a nuestros padres y abuelos, nuestra comida, nuestro techo y nuestro amor estaban bajo amenaza.

Hendrix cree que cuando conocemos a alguien más adelante en la vida que muestra algunas de las características negativas de aquellas primeras personalidades fundamentales, nuestro subconsciente los reconoce como la Mamá o el Papá con quienes tenemos temas por resolver. Literalmente, nuestro cerebro se une a esa persona al azar pensando que si tan solo podemos arreglar algunas de esas cualidades negativas en nosotros mismos, podríamos tener seguridad y no preocuparnos nunca más por tener comida, techo o amor. Por esa razón, los hombres que se criaron con madres controladoras son atraídos con frecuencia a mujeres controladoras, y las mujeres que se criaron con padres abusivos son atraídas con frecuencia a hombres que las tratan de modo parecido. En realidad es una teoría bastante triste.

Pero por loco que parezca, tenía sentido. Yo había pasado toda una vida sintiéndome atraído a mujeres que mostraban algunos de los patrones con los que me había criado. Y más que eso, lo que yo confundía con pasión o amor era en realidad un profundo sentimiento de que si esa relación funcionaba, mis viejas heridas podrían ser sanadas. En otras palabras, no es que amara tanto a esas muchachas, sino que las utilizaba para reparar algo roto en mi interior. Y debido a esa increíble necesidad, pisaba sus almohadas por temor a perderlas.

Es interesante lo mucho que ser consciente de esta dinámica comenzó a cambiar la naturaleza de mis relaciones. De repente fui capaz de ver por qué me sentía atraído a una persona y decidir, aparte de los fuegos artificiales que hubiera en mi subconsciente, si esa podía o no ser una relación sana. Y la mayoría de las veces no podía serlo. De repente tenía la capacidad de alejarme antes de que nadie resultara herido; y poco después, ese viejo mecanismo de atracción se desvaneció casi por completo. Sencillamente no me sentía atraído al mismo tipo de mujeres.

Extrañamente, argumenta Hendrix, mientras más muestre una pareja las características negativas de nuestros cuidadores principales, más pasión experimentaremos en la relación. Al principio descubrí que eso era una triste realidad, pero ciertamente, con el tiempo, comencé a ver el engaño inherente en la emoción primitiva que con frecuencia confundimos con el amor. Cuando conocía a parejas cuyos matrimonios iban bien después de treinta y cuarenta años, ninguno de ellos iba montado en una montaña rusa emocional de pasión y después resentimiento. En cambio, se amaban el uno al otro como un acto de su voluntad consciente, y estaban más en control de su amor de lo que su "amor" estaba en control de ellos.

Por eso creo que a Betsy y a mí nos tomó un poco más de tiempo enamorarnos. Ella sencillamente no tenía ninguna de las características negativas a las que yo antes era atraído subconscientemente. Recuerdo sentarme frente a ella en una de nuestras primeras citas, observar su increíble belleza, pero también preguntarme si podíamos ser compatibles porque yo no me sentía enamorado. Se me ocurrió entonces que no la conocía el tiempo suficiente para sentirme enamorado desde el principio. No estoy diciendo que una pareja no pueda experimentar amor a primera vista, solo digo que tarde o temprano ese amor tendrá que hacer frente a los duros hechos de la realidad. ¿Tiene esta persona el tipo de carácter y disciplina necesarios para hacer que funcione una relación de amor? ¿Es real la pasión, o está intentando sanar viejas heridas?

Con el tiempo, mis sentimientos crecieron, pero no eran los viejos sentimientos de obsesión, sino que eran más parecidos a respeto, admiración y atracción. Betsy parecía tener todo lo necesario para llegar lejos. Era hermosa, respetuosa, fuerte y amable; era una maestra en resolver conflictos y no tenía absolutamente ninguna habilidad para la manipulación. De hecho, diría que lo que hizo que me enamorara de ella verdaderamente fue bastante práctico: entendí que no había otra mujer en el planeta con la cual yo fuera más compatible para tener una relación, y si había otra, no quería conocerla nunca.

OTRO CAMBIO DE PARADIGMA QUE ME PERMITIÓ finalmente tener una relación sana fue teológico. Entendí que había un anhelo subconsciente en mi corazón que nunca podía ser resuelto por otro ser humano. Sin duda, Betsy podía resolver mi deseo de una compañera íntima, pero estoy hablando de algo más profundo. Algunas personas piensan en ello como el anhelo de Dios, y creo que tienen cierta razón. En mi opinión, sin embargo, ese anhelo nunca será satisfecho en nuestra vida. En otras palabras, estoy convencido de que cada persona tiene un anhelo que nunca será satisfecho, y es nuestra tarea permitir que viva, respire, y sufra en el interior como un modo de desarrollar nuestro carácter.

Recuerdo cuando era pequeño escuchar en la iglesia que había un hueco en nuestros corazones que solo Jesús podía llenar, pero más adelante en la vida cuando yo mismo me convertí en seguidor de Jesús seguí experimentando el anhelo. Sencillamente, Él no lo estaba llenando. La experiencia fue tan frustrante que casi me alejé de la fe.

Más adelante, sin embargo, leí en la Biblia sobre que habrá una boda en el cielo y que, algún día, seremos reunidos con Dios. La Biblia dibuja un hermoso cuadro de un león tumbado al lado de un cordero, que todas nuestras lágrimas serán enjugadas, de un mediador que crea paz y un Rey que gobierna con sabiduría y bondad. El lenguaje está espaciado y a menudo es difuso, pero no hay duda de que algo en las almas de los hombres será sanado y quizá incluso completado cuando estemos unidos con Dios, y no un segundo antes. Lo que diferencia al cristianismo verdadero del sensacionalismo que muchas personas creen es que Jesús nunca ofrece ese ser completos aquí en la tierra. Solo nos pide que confiemos en Él y lo sigamos a la boda metafórica que experimentaremos en el cielo.

Mientras más pienso en ello, más sentido tiene la Biblia. Los primeros seguidores de Jesús experimentaron dolor, pruebas y frustración, lo cual no es una vida romántica, pero se consolaban los unos a los otros, se ocupaban los unos de los otros, y se consolaban en el anhelo.

Según mi opinión, la mala aplicación del anhelo de Dios ha causado a muchas personas una gran cantidad de dolor. De hecho, yo me preguntaba si algunos de mis primeros errores en las relaciones no eran debidos en parte a que quería encontrar resolución al anhelo por medio de una mujer, una carga que ninguna pareja romántica debería tener que soportar. ¿Cuántas relaciones han sido arruinadas por dos personas que intentan exprimir al Jesús el uno del otro?

Al principio en nuestra relación, Betsy y yo hablamos sobre esta dinámica y decidimos que no caeríamos en ella. Sabíamos que no caeríamos en ella. Sabíamos que cada uno de nosotros experimentaría un anhelo sin resolver que el otro no podría llenar, y llegamos a considerarlo como algo positivo en lugar de negativo.

El hecho de que no pudiéramos ser engañados para tener resentimiento mutuo por no sanar las heridas más profundas el uno del otro podría ser la diferencia entre nuestra relación y las muchas que se han desplomado y han ardido.

Nunca olvidaré la noche antes de nuestra boda, sin embargo, cuando intenté explicar esta idea a nuestros amigos y familiares. Casi lo estropeé. Más de cien personas llegaron a la cena de ensayo, y cuando llegó el momento de hacer el último brindis, yo me puse de pie delante de nuestros amigos y familiares y confesé que Betsy y yo no creíamos que nos completábamos mutuamente. No pensé en lo extraño que sonaría, pero la sala me miró en silencio como si yo estuviera anunciando una ruptura.

Enseguida expliqué que la razón por la que pensaba que hacíamos una pareja tan sana era porque ninguno de nosotros ponía expectativas injustas sobre el otro. Algunas de las mujeres en la sala me miraban como si yo fuera el hombre menos romántico del mundo. Betsy solamente me miró y se rió. Intenté recuperarme, tartamudeando al expresar que nuestros anhelos más profundos serían satisfechos algún día por Dios. Hablé sobre cómo era siempre el anhelo para mí, que es un anhelo de aceptación suprema, de ser uno con algo mayor que yo mismo, algo que he sentido que lanza un reflejo en la belleza del océano o en la grandeza de las montañas. Dije que siempre he sentido el anhelo y que Betsy también lo ha sentido.

"Betsy y yo vamos a intentar con toda la fuerza posible no poner el uno sobre el otro la carga de ese anhelo", dije. "En cambio, nos consolaremos el uno al otro en el anhelo e incluso lo amaremos tal como es, una promesa que Dios algún día nos cumplirá".

No sé cuántas personas entendieron realmente mi brindis. Imagino que hubo algunas que se preguntaron: si Betsy y yo no creíamos que podríamos completarnos el uno al otro, entonces por qué nos casábamos. Pero para mí, la respuesta a esa pregunta es sencilla: ambos tenemos a alguien con quien compartir el anhelo.

No sé si hay una manera más sana en que dos personas se mantengan enamoradas que dejar de utilizarse el uno al otro para resolver sus anhelos no cumplidos y, en cambio, comenzar a abrazarse el uno al otro mientras lo experimentan.

No me importa el anhelo. El anhelo es hermoso. Simplemente no quiero sentirlo yo solo por más tiempo. Quiero compartirlo con Betsy.

16

El lugar donde dejamos a nuestros fantasmas

PARA ALGUNOS, LLEGAR A SER A SER CAPACES DE SENTIR intimidad es tan difícil como perder cincuenta kilos. Implica reconstruir viejos hábitos, sobreponerse al deseo de agradar a los demás, decir la verdad, y encontrar satisfacción en una porción diaria de amor verdadero. En el año que condujo a nuestra boda, me sentí como si hubiera perdido treinta de esos cincuenta kilos, pero me quedaba mucho camino por recorrer. Unos meses antes de la boda, sin embargo, vi que sucedió algo que me dio esperanza.

El lugar que Betsy escogió era un club campestre viejo y descuidado en las riberas del río Tchefuncte. Ella lo había escogido mientras yo estaba fuera en un retiro para escritores. Me explicó al teléfono que el precio era correcto, pero que necesitaba ayuda, una cantidad considerable de ayuda. Le pregunté por qué quería que nos casáramos en un lugar que no era perfecto, y ella me dijo que el término *perfecto* es *subjetivo*. Dijo que su familia tenía recuerdos allí, que sus abuelos tenían una casa al lado del campo de golf, y que su madre se crió nadando en la piscina que había detrás del espacio de baile. Describió el lugar más como una historia que un lugar, y dijo que podíamos casarnos en un espacio grande que había al lado de la piscina al otro lado de un roble de cien años de antigüedad. Habría farolillos a lo largo del borde de la piscina que conducirían hasta un muelle que flota hacia el interior del río. Le pregunté si podríamos irnos de la boda en barca, y a ella le encantó la idea.

Cuando regresé a Nueva Orleáns, Betsy me llevó a ese lugar. Condujimos por el barrio, pasando al lado de casas ubicadas en parcelas de medio acre divididas para proteger los viejos robles más que para dividir uniformemente la tierra. Había altas columnas de cemento que sostenían estatuas góticas que marcaban las puertas al viejo club. Los robles se extendían por encima de los muros grises donde dejaban caer sus hojas, de modo que crujían bajo los neumáticos. La puerta al club campestre estaba rota y abierta, apoyada pesadamente sobre el estacionamiento como si siguiera estando orgullosa de la protección que antes proporcionaba. Podía sentir la historia del lugar mientras conducíamos, y entendí por qué Betsy quería añadir nuestra boda a esa historia. Al otro lado del río había árboles que crecían desde la marisma, tan altos como un bosque para gigantes. Era lo mejor de Nueva Orleáns. Había la sensación de que sus fantasmas eran agradables. Incluso en el estacionamiento había un viejo roble del que sobresalían penachos de musgo colgantes como si fueran las suaves barbas de hombres ancianos.

Pero cuando entramos al patio, cambié de opinión repentinamente. Era peor de lo que ella había transmitido.

Betsy se movía sin hablar, esperando que yo pudiera ver lo que ella veía, pero yo no podía verlo. Yo veía malas hierbas que sobresalían entre las grietas del cemento y los ladrillos rotos caídos y apilados a lo largo de los parterres. Al banco que rodeaba el viejo roble le faltaban maderas, y la piscina, que en otros tiempos su madre disfrutaba, era de color marrón tirando a negro. Renacuajos tan grandes como bagres salieron disparados hacia el centro cuando nos acercamos, y una tortuga ladeó su caparazón hacia la oscuridad, moviendo una pata hacia la superficie mientras se hundía.

Yo intenté no mostrar mi sorpresa y comencé a trazar una estrategia hacia cómo podríamos anular el contrato. Debido a que no quería mostrar mi decepción, le pedí a Betsy que me dijera lo que ella estaba pensando. Ella caminaba lentamente y hablando en voz baja. Dijo que limpiarían la piscina, desde luego, y tendríamos una carpa entre la piscina y el salón donde las personas podrían sentarse cómodamente debajo de calefactores. Dijo que su tía tenía cien farolillos y me mostró por dónde rodearían la piscina e iluminarían un camino hasta el muelle. Me mostró donde estaríamos para pronunciar nuestros votos, con los invitados mirando hacia nosotros y con el roble como telón de fondo y el río alejándose en curva hacia la distancia por detrás del árbol. Dijo que el sol se pondría por detrás del roble y que su cuñado se sentaría allí para tocar la guitarra. Dijo: "Aquí es donde tu madre hará la oración, y aquí es donde Matt y Bob oficiarán la ceremonia".

Parte de mí quería explicar que había demasiado que arreglar, pero si Betsy me había enseñado algo, era que nunca había razón para reaccionar en exceso. Ella es la reina de echar suavidad sobre el drama. Podía ver la expresión de preocupación en mi cara, así que habló reverentemente sobre lo que había sido el lugar y lo que podría volver a ser si tan solo poníamos en ello un poco de amor. Contó una historia sobre que su tío visitaba la piscina de niño, demasiado pobre para poder permitirse comprar un traje de baño. Él nadaba con pantalones cortos, y todas las niñas se reían, y él decía que durante años ese lugar le hacía sentirse menos que los demás. Eso fue hasta que se casó con una de las muchachas. Yo sonreí al oír eso. Es chistoso cómo una historia puede comenzar a remodelar un lugar.

Cuando pensé en nuestros invitados, cuando pensé en Bob dando la homilía y en nuestros padres habiendo orado por nuestra pareja incluso antes de que naciéramos, se me hizo difícil alejarme del reto. De todos modos, ¿qué parte de este cortejo no había necesitado un milagro? ¿Y por qué no participar en otro más?

Betsy me miró esperanzada, y yo estuve de acuerdo con renuencia en que allí sería donde nos casaríamos. Ella se acercó, apoyó su cabeza en mi hombro, y puso sus dedos en mi mano. Nos quedamos allí de pie y vimos el sol ponerse por detrás de la piscina, con Betsy recordando tantas escenas hermosas de su niñez mientras yo olía el aire y me preguntaba si la piscina no se estaría usando también como baño para vagabundos.

Cada vez que regresábamos para visitar el lugar, la piscina estaba un poco más vacía, ya no quedaban tantas malas hierbas, y se habían llevado otro montón de escombros. Aún sería necesario un milagro, pero se podía ver cómo la historia que estábamos viviendo comenzaba a dar sus frutos en el mundo real. Algo estaba siendo renovado.

También yo me iba quedando enredado en la historia. Betsy hablaba con el gerente de la propiedad o con el coordinador de la boda, y yo sentía de repente la profundidad de todo ello. Digo sentía porque no hay ninguna explicación racional para ese tipo de emoción excepto que quizá, a veces, rasgamos accidentalmente un pequeño agujero en el tejido de la realidad de modo que resplandece algo al otro lado, dejando a la vista la oscuridad de nuestra existencia rutinaria. Más de una vez cuando visitamos el club campestre tuve que alejarme de Betsy y del coordinador de la boda porque se me llenaban los ojos de lágrimas.

Mi amigo Al Andrews tenía razón. Las relaciones son teleológicas. Todas van a alguna parte, y nos van convirtiendo en algo, con suerte en algo mejor, algo nuevo. Lo que Betsy estaba haciendo al lugar no era distinto a lo que nuestra relación me estaba haciendo a mí.

> ¿Y QUÉ ES UNA HISTORIA SINO EL QUERER ALGO DIFERENTE, Y LA DISPOSICIÓN A TRABAJAR POR ELLO?

¿Qué otra cosa cambia a una persona sino la vida de una historia? ¿Y qué es una historia sino el querer algo diferente, y la disposición a trabajar por ello?

UNA VEZ OÍ DECIR A ALGUIEN QUE LAS MUJERES SE CASAN con un hombre, pero los hombres se casan con una temporada. Creo que hay un poco de verdad en eso. Si el sol no se hubiera puesto sobre la temporada de mi soltería, yo nunca habría hecho el trabajo que requirió avanzar hacia la intimidad. Pero ya era el momento, y yo estaba preparado.

Creo que para los matrimonios es más difícil funcionar en estos tiempos que nunca antes. Todos necesitamos más de un milagro ahora, de lo que solíamos necesitarlo. Los hombres maduran mucho más tarde y los patrones que aprendemos no son sanos. Yo tenía poca duda, incluso mientras escogíamos el pastel de boda, la empresa de *catering* y las corbatas que llevarían mis padrinos de boda, de que el matrimonio iba a ser un reto. Sin duda sería placentero, pero cuando un escritor con tendencia a aislar a las parejas se une con una extrovertida que ama practicar la hospitalidad, sobreviene la esencia de la historia. Y las historias hablan todas de conflicto.

Lo que está entre una persona y lo que esa persona quiere es trabajo; y yo había hecho el trabajo, o al menos había comenzado el trabajo. Mi viejo yo iba muriendo lentamente y convirtiéndose en el nuevo yo, el que era compatible para la intimidad. Y esta muerte y resurrección lentas probablemente durarán el resto de mi vida.

Ya no creo que el amor funciona como un cuento de hadas, sino como la agricultura. La mayor parte es sencillamente levantarse temprano y labrar la tierra, y después orar para que haya lluvia. Pero si hacemos el trabajo, podríamos despertarnos un día para encontrar un campo interminable de cosechas que se extienden hacia el horizonte. Yo prefiero ganar el dinero que ganar la lotería porque no hay alegría en una recompensa, a menos que llegue al final de una historia.

LA PISCINA ESTUVO LIMPIA JUSTO A TIEMPO. LAS TORTUGAS habían sido llevadas otra vez al río, los renacuajos fueron sacados con redes, y solo Dios sabe cuántas horas de lavado con agua a presión se emplearon para hacer que el lugar pareciera nuevo. El hombre que cuidaba la propiedad ocultó una manguera en la parte trasera de la fuente gótica para dar la sensación de que funcionaba, y pusimos lamparillas sobre los bancos rotos alrededor del roble para que nadie se sentara en ellos. El tío de Betsy, Charlie, era el dueño de un vivero y llevó cien árboles y arbustos, y los hermanos de Betsy los pusieron delante de ladrillos rotos o de pintura defectuosa. Otro de los tíos de Betsy acercó una barca al muelle y sus tías la decoraron con serpentinas y carteles que anunciaban nuestro matrimonio. Mis padrinos y los hermanos de Betsy compraron fuegos artificiales y los pusieron sobre el muelle para que pudieran encenderlos mientras nosotros nos escapábamos. Es alentador ver lo que harán las personas para contribuir a una historia de amor. Es como si reconociéramos universalmente que vale la pena sacrificarse por la unión de almas.

Recuerdo que mi amigo John me habló una vez sobre cuánto tiempo le costó casarse con su esposa. Me dijo que fueron novios nueve años antes de que él finalmente cedió. No es que él no quisiera casarse con ella, pues siempre lo quiso. Es solo

> EL CAMINO HACIA UNIR ALMAS EN AMOR DEBE IMPLICAR POR NECESIDAD UNA CRUCIFIXIÓN.

que seguía esperando a sentirlo de cierta manera. Dos veces, mientras entraba a una joyería para elegir un anillo de compromiso, tuvo un ataque de pánico y se fue, agarrándose fuerte el pecho. Finalmente, un amigo suyo que es terapeuta lo llevó a un lado y le explicó que el amor era una decisión, que era tanto algo que uno hace que suceda como algo que te sucede. John finalmente reconoció que la vida tanto de soltero como de casado tenía sus recompensas, pero al final prefería estar con su esposa. Dijo que tomó la decisión, y el día de su boda fue el día más feliz de su vida.

Yo sentía lo mismo. Nuestra boda era el final de una aventura maravillosa que me llevó por lugares oscuros y me trajo hacia una luz mayor. Y desde luego que fue el principio de una aventura mucho más difícil. Mi fe me enseña que el camino hacia unir almas en amor debe implicar por necesidad una crucifixión, y creo que en eso hay una metáfora del matrimonio.

> NUNCA VAMOS A SER PERFECTOS EN EL AMOR, PERO PODEMOS ACERCARNOS A SERLO. Y MIENTRAS MÁS NOS ACERQUEMOS, MÁS SANOS SEREMOS.

He oído decir que la tarea de un hombre es rescatar a una mujer, pero yo no sentía que estuviera rescatando a nadie ese día. Sentía que era yo quien estaba siendo rescatado, rescatado de mi temor y mi inseguridad que me hacían ser tan aterradoramente malo en las relaciones, rescatado del aislamiento y de las ilusiones de cuentos de hadas sobre lo que es realmente el amor. Y no fue solamente Betsy quien me rescató. Fue Dios, y mis amigos, y mis terapeutas, y un coro de personajes que querían ver que el amor triunfara.

Aproximadamente una hora antes de la boda, Bob se acercó y puso su mano sobre mi hombro. Me miró y dijo: "Don, eres bueno en las relaciones." Sigo sin saber si él tiene toda la razón. Tengo mucho trabajo que hacer, y sé que el matrimonio es difícil, pero cuando Bob lo dijo sentí que era más cierto de lo que nunca había sido. Realmente mejoré.

Supongo que ese es el punto de este libro. Hay verdad en la idea de que nunca vamos a ser perfectos en el amor, pero podemos acercarnos a serlo. Y mientras más nos acerquemos, más saludables seremos. El amor no es un juego en el que alguno de nosotros puede ganar, es tan solo una historia que podemos vivir y disfrutar. Es una ambición noble, por lo tanto, añadir un capítulo a las historia de amor, y hacer que nuestro capítulo sea bueno.

No pensamos mucho sobre cómo nuestras historias de amor afectarán al mundo, pero lo hacen. Los niños aprenden por qué vale la pena vivir y por qué vale la pena morir, por las historias que nos observan vivir. Yo quiero enseñar a nuestros hijos cómo acercarse aterradoramente, y más aún, cómo ser valiente. Quiero enseñarles que vale la pena el costo que el amor tiene.

Gran parte del resto de la boda está ahora borroso para mí. Sí recuerdo las barbas de hombres viejos en el roble que se inclinaban hacia nuestra carpa para ver la ceremonia, y las caras radiantes de nuestros amigos y familiares, y a Betsy con su vestido saliendo por las puertas del club campestre hacia el patio, sonriente como una luz que se ve raras veces, resplandeciendo entre el tejido roto del mundo como si fuera un extraño destello de gracia.

> VALE LA PENA EL COSTO QUE EL AMOR TIENE.

Estoy muy agradecido.

Para ver fotografías de la boda de Don y Betsy, visita www.scaryclose.com

Reconocimientos

ESTOY AGRADECIDO A BETSY MILLER POR SER MI compañera en el viaje interminable de la intimidad, y por arriesgarse a la inversión de la "caja negra" que es el amor humano. También estoy agradecido por su increíble familia, los Miltenberger. Estoy agradecido a sus padres, Ed y Laurie, cuya aventura no fue un océano o una montaña, sino una familia. Ustedes han construido algo más profundo, más ancho y más alto de lo que el conquistador solitario podría soñar, y todos somos bendecidos por su trabajo. Gracias también a mi madre que me dio el regalo de la seguridad, y sin quien no me sentiría cómodo al revelar al mundo a mí mismo o mi historia.

Un enorme número de amigos me prestaron sus historias y su sabiduría. Estoy agradecido por Paul y Kim Young, Mark, Jon, y Tim Foreman, Henry Cloud, John Cotton Richmond, Marshall y Jamie Allman, David Gentiles y sus hijas, Al Andrews, la familia Miltenberger, el Dr. Harville Hendrix, Daniel Harkavy, Ben y Elaine Pearson, y John y Terri MacMurray.

Escribí este libro con una gran cantidad de ayuda de los editores. Estoy agradecido a Joel Miller, Jennifer Stair, y Heather Skelton. Su incansable trabajo para eliminar de este manuscrito todos los parásitos fue muy valioso para mí. También estoy agradecido por el equipo de mercadeo y publicidad en Thomas Nelson. Gracias a Belinda Bass, Chad Cannon, y a todo el equipo. También quiero dar gracias a Shauna Niequist, que leyó detalladamente el manuscrito e hizo comentarios muy valiosos, y a Bryan Norman, un asombroso agente literario que leyó detalladamente el libro y me dio más de cien páginas de "notas al margen". Estoy verdaderamente agradecido.

También me gustaría dar las gracias a Brian Hampton, mi editor, con quien ya llevo trabajando muchos años. Brian ha sido paciente, sabio y amable, y sin sus consejos dudo que hubiera sido capaz de dar forma a este libro.

Betsy y yo damos gracias a nuestros amigos en los talleres *Onsite* y a su programa *Living Centered*. Sin su manera única de ayudar a las personas, y las increíbles amistades que hicimos con Miles Adcox y Bill y Laurie Lokey, probablemente yo seguiría perdido.

Sin el equipo de trabajo en *StoryBrand* nunca habría tenido el tiempo para escribir este libro. Ellos hacen que las cosas sigan adelante. Gracias a Tim Schurrer, Kyle Reid, Kyle Hicks, y Cadence Turpin por hacer que la oficina tenga sensación de hogar.

Gracias también a nuestros amigos que ofrecieron sus hermosas canciones a la banda sonora. Gracias por compartir sus corazones y sus talentos, y por darnos los himnos que de algún modo nos unen en una experiencia común de belleza.

También quiero dar gracias a Bob Goff, quien siguió diciéndome que soy bueno para las relaciones, y sin el cual esta historia no tendría ningún arco. Gracias por ser un amigo tan leal por tantos años. Tú también eres bueno para las relaciones.

Y finalmente, estoy agradecido a ti. He estado en esto mucho tiempo ya, y no podría hacer esto sin ti. Aunque escribo con la voz de un escritor de memorias, mi meta es relatar la historia colectiva que compartimos. De algún modo misterioso, espero que esta nos conecte los unos a los otros. Esa conexión ha sido sanadora para mí, y estoy agradecido.

Acerca del Autor

Donald Miller es el autor de varios libros, entre los que se incluyen los éxitos de ventas *Blue Like Jazz* (Tal Como el Jazz) y *A Million Miles in a Thousand Years* (Un Largo Camino de Mil Años). Él ayuda a las personas a vivir una historia mejor en www.creatingyourlifeplan.com, y tiene una empresa de consultoría de mercadeo en www.storybrand.com.